# ダーリンは外国人 with BABY

contents

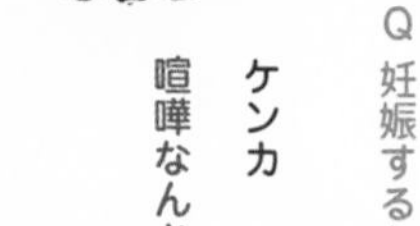

1

# お腹の中に、生命体が！

今までなかった、不思議な感覚。
本当にここに、赤ちゃんがいるんでしょうか…？

# 決心

何年《なんねん》か前《まえ》から
何《なん》となく
トニーと私《わたし》の
子《こ》どもができたら
男《おとこ》の子《こ》かなぁと
思《おも》っていた
なので
「ダーリンは外国人《がいこくじん》2」の
中《なか》でも　子《こ》どもができたと
想定《そうてい》した話《はなし》に
男《おとこ》の子《こ》っぽい絵《え》を
描《か》いたのです
128P
住民票の話
でも
まだもう少《すこ》し
仕事頑張《しごとがんば》って
からかなー
カリカリカリカリカリカリ
ということで
頑張《がんば》って
いたら
はっ
あっという間に
年齢制限《ねんれいせいげん》
がっ…
迫ってきた

そろそろ…だと思《おも》うんですけど
そろそろ…ですか
日《ひ》がたつにつれ焦《あせ》りだす私《わたし》
時間ない
かも
時間が
トニーは
できたら嬉《うれ》しいねぇ
若干の温度差…
そして何回《なんかい》も期待《きたい》とがっかりを繰《く》り返《かえ》し
とうとう妊娠《にんしん》
わ〜〜
パチ
パチ
パチ
でも
私《わたし》の体《からだ》はどうなっていくんだろう
どんな毎日《まいにち》になるんだろう
体《からだ》も生活《せいかつ》もどのくらいの変化《へんか》が起《お》こるのかよくわからないまま新《あたら》しい日常《にちじょう》に突入《とつにゅう》したのです

パパトニーのつぶやき

## 喜びと不安で出発

「お前が父親になったら、私たちが正しかったって、必ずわかるよ。皆そうだから」。

10代の頃から、両親にしょっちゅうこう言われた僕は、30年あまり経った今、やっと父親になる。これで、両親のやり方に納得したか？　とんでもない。確かに、家訓やしつけの中に感謝すべき部分も、「あれでよかったかも」という部分もある。でも当時、100年逆立ちしても理解できないと感じたものに関しては、40代の今でもやはり「絶対におかしい」と思う。では、僕の方が子育てをより上手にできるか？

これもまた、「とんでもない」。

どうすれば、子どもに真っ直ぐに成長してもらいながら、嫌われなくてすむか？　その方法を知っているわけでもなく、今後も見つけられるとはかぎらない。さらに言えば、両親の過ちを指摘できても、それを繰り返すのではないか？　という不安さえある。

不安。夫婦として、「そろそろ子どもを」という段階になった時、胸が喜びと期待でいっぱいになっていた、と言いたいところだけれど、実際は喜びと同時に、なかなか解消されない不安が一緒に宿っていた。新しい命を祝うべきところで水をさすものだ。でも、その不安が新米の父親に何かと覚悟させ、愚かな「理想主義」から守っているとも言える。そして子どもが、僕の育児が正しいとわかる日が絶対くるわけがない、ということも教えてくれている。

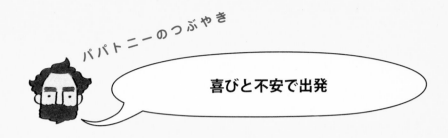

# 自覚なく

妊娠《にんしん》する前《まえ》に楽《たの》しみにしていたことのひとつは
妊娠《にんしん》すると何《なに》かの食《た》べ物《もの》にハマるっていうけど私《わたし》はどうなるのかなー？
姉《あね》の妊娠時《にんしんじ》の会話《かいわ》
私《わたし》が砂《すな》とかレンガとか食《た》べ出《だ》したらどうする？
ふふふ…
せめて紙《かみ》くらいだといいね…
粘土《ねんど》や糊《のり》などを食《た》べたくなる「異食症《いしょくしょう》」になる可能性《かのうせい》もなきにしもあらず
→鉄欠乏性貧血が原因のひとつ
何《なに》かにハマったりする前《まえ》にまずくるのはつわりですが
私《わたし》の場合《ばあい》
あまり食欲《しょくよく》ないけどお腹《なか》すくと少《すこ》し気持《きも》ち悪《わる》い感《かん》じ
という軽《かる》いもの
しかし
何《なに》を食《た》べたいのか自分《じぶん》でもわからない…
食《く》い意地《いじ》のはった私《わたし》にはめずらしい事態《じたい》ではある

それまで夕飯《ゆうはん》は
和食《わしょく》っぽい質素《しっそ》なもの
だったのに
ううん 欲《ほっ》して いるのは こんなじゃ ない!!
おひたし
拒否
もっとジャンクな… ガツンとくる ものがいい!!
「つわり」＝「さっぱり」という
イメージですが
油《あぶら》モノに走《はし》る人《ひと》も
少《すく》なくないようです
コロッケ…♥
この頃《ころ》ちょうど
トニーが仕事《しごと》で
いなかったため
好《す》き放題《ほうだい》
食事作りは したくない
パイ各種…♥
冷やし中華ごま味…♥
ドーナツ…♥
なんか 妊娠前《にんしんまえ》の方《ほう》が 健康的《けんこうてき》な 食事《しょくじ》だった…
すまん 腹の子よ
いーのよ いーのよ 今《いま》は食《た》べられるもの 食《た》べれば
でも体重《たいじゅう》はそんなに 増《ふ》えてないけど…
いつのまにか
つわりは
終了《しゅうりょう》
あまり 増えないのも 問題…と聞いて不安に
それでもまだ
妊娠《にんしん》の自覚《じかく》は薄《うす》く
だっ
あっ 信号《しんごう》 変《か》わる

案外《あんがい》
後期《こうき》までこの調子《ちょうし》
あっ
腹《はら》に子《こ》が
そして前《まえ》からの予定《よてい》だった
海外取材《かいがいしゅざい》の話《はなし》が進《すす》み
安定期《あんていき》に入《はい》れば大丈夫《だいじょうぶ》かなあ?
…と思《おも》うけどねー病院《びょういん》を探《さが》しておけば
お医者《いしゃ》さんは私《わたし》が「大丈夫《だいじょうぶ》」とは言《い》いきれませんが…行《い》くなら無理《むり》をしないように
この時は担当医が決まってなかった
しかし…飛行機《ひこうき》って放射線《ほうしゃせん》浴《あ》びるんだってねー
まあ大丈夫だと思うけど
そっか!!
防《ふせ》げないかなぁ…
電磁波《でんじは》エプロンはあるけど…
効くかねー?
静かに
あれだ
あれダメかなレントゲン撮《と》る時《とき》の…
ベスト
鉛《なまり》の!?
どこか売ってるとこ……

お医者《いしゃ》さん用《よう》のサイトしかない……
もしもしそちら個人《こじん》でも買《か》えますか？
え？会社名《かいしゃめい》？どうして言《い》わなきゃいけないの？
怪しまれてる
いやー高《たか》いし重《おも》いし…空港《くうこう》の検査《けんさ》通《とお》らないでしょ
もしもし航空会社《こうくうがいしゃ》のセキュリティ担当《たんとう》ですか？鉛《なまり》のエプロンで乗《の》っていいですかね？
着るの私…
鉛《なまり》……ですか……
やっぱりダメっぽい
だろうね
結局《けっきょく》体《からだ》の前後《ぜんご》をカバーするエプロンをすることに
まあ気休めだよね
まあでもエプロンすることのリスクもないでしょ
現地《げんち》の病院《びょういん》も調《しら》べておき移動《いどう》の車内《しゃない》ではよく横《よこ》になった
時々マッサージ付き
それを見《み》た兄《あに》
オマエ〜〜親父《おやじ》が見《み》たら嘆《なげ》いとるぞ〜〜〜〜
何様や

現地《げんち》では
サラダくらいしか
野菜《やさい》が摂《と》れず
「緑黄色野菜」ってご存じですか
炭水化物と肉
でもここで
妊娠中唯一《にんしんちゅうゆいいつ》
ハマッたものができた
それは
炭酸《たんさん》ガス入《い》り
ミネラルウォーター
もともと好《す》きだったけど大好《だいす》きに!!
甘くない
ハードスケジュールながらも
無事帰国《ぶじきこく》
そのあかつきには
2人《ふたり》とも
結構《けっこう》な
体重増加《たいじゅうぞうか》
妊婦ではない →
むーーん!!
この後は体重との戦い
そしてこの頃《ころ》
お腹《なか》の空気《くうき》がポコンッてなっただけかな?
ん?
だんだん
はっきりと
おお!! 動《うご》いた
これで嬉《うれ》しくなって

トン
トトト
トン
トン
でたらめな
モールス信号《しんごう》で
交信《こうしん》しはじめた
うん
うん
うん
ぷははっ
トン
トトトン
ちょっとー
なんて
言《い》ってんの？
ママには
内緒《ないしょ》だよー
感じ悪
しかし
まだまだ
普段《ふだん》と
変《か》わらず
仕事《しごと》の日々《ひび》
「出産《しゅっさん》」は
遠《とお》いことに
思《おも》えた
ホントに
産む日って
来るのかな…
来るよね…
散歩は増やした

パパトニーのつぶやき

## 腹叩きは慎重に

妻が妊娠中、確かに僕はお腹を叩いていた。物柔らかに、でも頻繁に。そうした方が子どもにリズム感を植え付けられるかな、と思っていたからだ。2歳くらいですでにサルサやサンバを立派に踊れる子どもを時々見かけるけれど、彼らはきっと、日常的に家の中で踊り狂っている親に育てられているに違いない。しかし僕は、どちらかと言うとダンス・フロアを避ける方だ。何か特別な措置を取らないと、我が子は親のその醜い欠陥を受け継いでしまうのではないか。そこで、「腹叩き」戦略。

僕が子どもに、1日1回送り込んだ、小さな「とんとんちゃちゃちゃ」が、わが子をダンサーに仕立てるのにまったく貢献していない可能性はもちろんある。それでも、少なくとも子どもに「外になんかいるぞ!」という好奇心をかき立て、また、その暗い中での孤独感を少しでも解消できたと思いたい。

さおりは、僕が毎日子どもに信号を送ろうとしていたと勘違いしていたようだ。言われてみればモールス信号っぽかったな。でも、内容は適当だった。子どもがそれを実際のメッセージだと思って、ひどく誤解したら申し訳ない…。

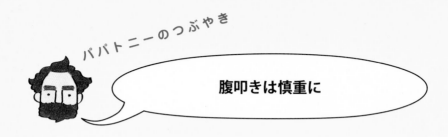

# 甘いもの中毒

妊娠後期《にんしんこうき》…
私《わたし》は日々《ひび》考《かんが》えていた
甘い物が
食べたい…
ワタクシもともとは
それほど甘《あま》い物《もの》を
欲《ほっ》しないタイプ
子供の時
好きだったのは
チーズケーキのみ
チョコやアイスは
ノドが痛くなってた
それが
この頃《ころ》には
デザート必須
妊婦ではない
↓

時《とき》には
CRÊPE
…
ちょっとー クレープだよー いっとかない?
フーカ いくよね!?
ううぅっ
でもワタクシ先ほどデザートまでがっつりいただきました
あ・ま・い・よ~~~~♡
クククク
ウフフフフ
あっさり
イチゴバナナキャラメルひとつ!
一気
おいしー
あははは
夢の時間は短いが…
クレープを買《か》ったなんて20年《ねん》ぶりくらい
仕事《しごと》の調《しら》べものでも
つぶあん派
「それは棚《たな》からボタもちであった…」
ボタもち!?
棚!? どこの!?
…はぁ… 甘《あま》い物《もの》食《た》べれば落《お》ち着《つ》くのに…
はっ
「落《お》ち着《つ》く」!? なんか中毒《ちゅうどく》っぽい!!
重症
これもあまり買ったことなかった

病院《びょういん》では
先生《せんせい》すごく甘《あま》い物《もの》食《た》べたいんですけど…
ああ毎日《まいにち》じゃなきゃいいですよ
そうですかー「ほっ」みたいな
演技
毎日《まいにち》食《た》べてますけど!?

しかしこれ仕事《しごと》のストレスかも…

たてこんでくると甘い物を食べたくなる

8カ月《げつ》に入《はい》っても夜中《よなか》3時《じ》過《す》ぎまで仕事《しごと》していた私《わたし》
ごめんねー
お腹《なか》の赤《あか》ちゃんは元気《げんき》よく
痛っ
ボグッ
こんなとこまで子宮!? はみ出してない!?
私《わたし》も問題《もんだい》なくきていたのだったが
しかしある日《ひ》――
あら逆子《さかご》になってますねー
えええっ
8カ月で逆子になる人は結構いるそうです

では逆子体操《さかごたいそう》してくださいね
①
お尻を高くあげる 骨盤にはまっている赤ちゃんが抜けるように
②
横に倒れる 右か左かは赤ちゃんの状態による
足を高く持ってふってもらう方法もあるそうです
あとは赤《あか》ちゃんに話《はな》しかけてください
意外とこれがきくんです
対処法
説得
どっ…どうしたらいいんだー
トントン
ボクが「モールス」で説得《せっとく》を…
きゃー
そんなの適当《てきとう》にやって逆《ぎゃく》の意味《いみ》になってたらどーすんの
どん
1週間《しゅうかん》転《ころ》がる
ごろっ
しかし待《ま》て
ひょっとしてもうなおってたらこの体操《たいそう》でまた逆子《さかご》になりそうな気《き》が…
そうだね 早《はや》めに診《み》てもらったら?

しかもある朝《あさ》
くるりっと
今《いま》まわった…？
すぐ診《み》てもらう
あ…なおってますね
ホントですか!?
見てもわからないが
後期《こうき》になると赤《あか》ちゃんはしゃっくりするので
ぴくっ
ぴくっ
ぴくっ
横隔膜《おうかくまく》がここってことは頭《あたま》が下《した》になってるね
チェックできて便利
まだ外食したり
→オススメしません
しかし…
カンタンに1kg増《ふ》えてそれを戻《もど》すのに2日《ふつか》かかるなー
結局7～8キロ増えた
血圧《けつあつ》もあがり足《あし》もむくみ
アニメみたいな
象
朝《あさ》は
こむら返《がえ》りで目覚《めざ》める毎日《まいにち》
いたたたたっ
しかも両足
歩く時の重心が変わってなるのだとか
こんな姿勢はもうできない

だけど女性《じょせい》の体《からだ》は
進化《しんか》してて
妊娠中《にんしんちゅう》でも転《ころ》びにくく
なってることが
最近《さいきん》わかってきたんだって
背骨の下の方が発達してきて
そっかー
地味《じみ》に
進化《しんか》してるん
だね
じゃあ
500年後《ねんご》くらいには
こむら返《がえ》らない人《ひと》が
増《ふ》えてるのかな
がんばれ人間！
そして予定日《よていび》2週間前《しゅうかんまえ》に
仕事《しごと》を全部《ぜんぶ》終《お》え
あとは散歩だ！
いつ産まれても
おかしくないので
やや綱渡り
そんな
予定日《よていび》間近《まぢか》
あっ
洋服屋さんにて
大丈夫《だいじょうぶ》!?
多分…
転《ころ》んだ…
店員さん
すいませんっ
大丈夫…だよね…
しかし
そのほかは
割《わり》と平穏《へいおん》で
なんか… 人っぽいものが入ってるんだよねー？
このまま入ってるってことはなくて！
産むんだよね…？？
そしてそれは意外とすぐだよね
とか思ったり
ここまでの感《かん》じなら
あと2～3人《にん》くらい
いけるなー
なーんて思《おも》っていたのでした
そう出産《しゅっさん》の日《ひ》までは…

## 教えて！ Dr. その1

**Q** **妊娠中に飛行機に乗っても、大丈夫ですか？**

**A** **いくつかの約束ごとを守れば大丈夫です。**

回答：産婦人科医　浦野晴美先生（育良クリニック 院長）

妊娠は病気ではなく女性の体における１つの生理的な現象と考えるならば、妊娠しているからといって「あれもだめ、これもだめ」というような窮屈な妊娠生活を送る必要はありません。

そういう意味では「妊娠中の海外旅行」も大いに結構と考えてよいでしょう。ただし、妊娠は生理的なものだとは言え、ひとつ間違えば容易に命をも脅かすような危険な状態になりやすいことも事実です。そのためいくつかの約束ごとを守ることが必要です。

❶妊娠初期（～10週）には旅行は控える。

必ずしも旅行することが流産の原因になるわけではありませんが、妊娠初期は流産もしやすいものです。その時に行かなければ流産しなかったのではないか、と後悔される方が多くいらっしゃいます。また旅先でのアクシデントは本当に心細いものです。アクシデントの起こりやすい妊娠初期の旅行は控える方がよいでしょう。

❷長時間同じ姿勢をとらない。

胎盤の完成する14～5週からおなかが張りやすくなる30週過ぎまでの時期を妊娠安定期といい、旅行をするのであればこの頃に行くとよいでしょう。そして、旅行中特に飛行機の中では2時間以上同じ姿勢をとらず、まめにトイレに行くなどして体を動かすようにするとよいでしょう。

❸旅先でのアクシデントに備える。

常に万が一に備えるのは言うまでもありません。産科医の指示に従うこと。流産や早産の可能性のある切迫流早産や、前置胎盤や妊娠高血圧症候群のような異常妊娠の場合には産科医からの許可はおりにくいと思います。

2

# そして全ては始まった!

出産って、想像を軽く超える原始体験。
そして眠れない育児の日々の幕開けです。

運命の日!
予定日《よていび》3日前《みっかまえ》の明《あ》け方《がた》
少《すこ》しお腹《なか》が痛《いた》くて
目《め》が覚《さ》めた
下《した》の方《ほう》が痛《いた》いけど…
便秘《べんぴ》…?
妊娠《にんしん》してから生《う》まれて初《はじ》めて便秘《べんぴ》になった私《わたし》
トイレ
何か巨大な石みたいなのがつまってる感じ
しかし何《なに》も出《で》ない…と思《おも》ったら
「おしるし」が!!
鮮血《せんけつ》で割《わり》と量《りょう》もあったので
トニー 念《ねん》のため病院《びょういん》に行《い》きたいんだけど…
がばっ
トニーの備え①
妊婦のお腹をつぶすまいとソファで寝ていた
OK!!
大丈夫?
今《いま》タクシー呼《よ》ぶね
覚えないから…
住所
タクシー
トニーの備え②
タクシーを呼ぶ時のためタクシー会社の電話番号とうちの住所を冷蔵庫に貼っておいた

ところが病院《びょういん》で検査《けんさ》の結果《けっか》
まだ日《ひ》にちかかりそうですね あさって検診《けんしん》であればその時《とき》にまた来《き》てください
帰ってきた
やっぱり便秘《べんぴ》なのかなー
陣痛《じんつう》については
い〜た〜い〜よ〜
私《わたし》産《う》んでる最中《さいちゅう》に「もうやめるー」って騒《さわ》いだもん
「死ぬーっ」とも叫び 本当に死ぬのでは…とビビり気味の義兄
大丈夫よー
助産師さん
と聞《き》いていたのだが
姉《あね》は痛《いた》みに弱《よわ》いからなー
前《まえ》にアシスタントさせてもらっていた桜沢《さくらざわ》エリカ先生《せんせい》は
うーん 生理痛《せいりつう》が重《おも》くなったって感《かん》じかなー
どうなんだろう どうなんだろう
これって違《ちが》うのかな
刺《さ》すように痛《いた》いんだけど…
しかもずーっと
どうする？ 病院《びょういん》行《い》く？
ボク用事《ようじ》あるからお昼《ひる》に出《で》ちゃうよ
今11時
でも… また帰《かえ》されるかも… それに

「おしるし」が
出《で》てから
お産《さん》までは
何《なに》食《た》べても
いいんだって
今《いま》までガマンした分《ぶん》
思《おも》いっきり
食《た》べたいじゃん
食い意地
あっ
いたっ
い
はい
すわってられないぃぃよ
30分ほど悶絶
はぁ
はぁ
はぁ
でも
好《す》きなもの
食《た》べれる…
意地
はぁ
はぁ
ぐ
あああ
ああああ
やっぱり
行《い》こう
病院《びょういん》に
着《つ》くと
便秘《べんぴ》なら
浣腸《かんちょう》してみますか？
か…かんちょ…
ええ
でも陣痛《じんつう》かも
知《し》れないですよ
場所《ばしょ》も近《ちか》いし
昔《むかし》は陣痛《じんつう》を促《うなが》すために
浣腸《かんちょう》したっていうくらいですから
しかしすぐに
あー
今《いま》もう
6分間隔《ぷんかんかく》
ですね
これ
すぐ3分《ぷん》に
なりますよ
陣痛の波
ここがわかれる
6分
6分
3分
3分
3分
3分

夕方《ゆうがた》には生《う》まれるでしょうねー
頑張りましょう!
ツボ押しますねー
「巨大《きょだい》な石《いし》」と思《おも》ったものは赤《あか》ちゃんの頭《あたま》だったのだ!!
病院に来といてよかったー
浣腸しなくてよかったー
なんか痛《いた》みが変《か》わってきた…
かつ…下半身《かはんしん》に
エンジンついて今《いま》にもちぎれ飛《と》びそう…
骨《ほね》…壊《こわ》れる…
ドドドドドドド
膀胱《ぼうこう》を空《から》にした方《ほう》がいいのでトイレに行《い》きましょう
大変ですけど…
む…無理《むり》!!
このエンジン歩くためのものじゃないです!!
無茶《むちゃ》言《い》われつつ3時半《じはん》くらいに分娩室《ぶんべんしつ》へ
結局行ったけど出ず
もうエンジンは全開《ぜんかい》だが
いきんでいいのかな
早過《はやす》ぎるのもよくないっていうけど
いやでもトニーまだだし
ドドドドドド
姿勢も変えられず
お母様《かあさま》いらっしゃいましたよー
外《そと》にいるねー
(恐いから)
と言って差し入れだけ

マメ情報
曲がるストローは便利です
水分摂りましょうねー
ぎゅ〜っ
痛《いた》い ホントに 痛《いた》い
いったいいつ 終《お》わるの 早《はや》く〜〜っ
柵命
うー……… …っっ
声に出せないタイプ
永遠《えいえん》だ 永遠《えいえん》だ これは
ご主人《しゅじん》 到着《とうちゃく》されましたー
よかった 間《ま》に 合《あ》って
人間《にんげん》 甘《あま》えられる人《ひと》が来《く》ると 我慢《がまん》の限界《げんかい》が 下《さ》がるのかも
頑張って
声出た
いった〜〜〜 痛《いた》いー
うー
しかし
ビデオ セット するねー
ぱっ
いや ここにいて 欲しいんですけど
言うのも面倒
いきみ始《はじ》めて どのくらい たったか
はあ
だいぶおりて きましたよー
はあ はあ
はい 休んで
次《つぎ》で 赤《あか》ちゃんに 会《あ》えるかも!!
頭《あたま》 見《み》えて ますよー
はあ はあ
はいっ いきんで!!
うー

ああああん
あー
生《う》まれ
ました!!
おめでとう
ございまーす
男《おとこ》の子《こ》
でーす
んぎゃあ
ふんぎゃー
んぎゃ
あぎゃん
のつけられた
→「カンガルーケア」
1979年、コロンビアで保育器が足りず、母親の乳房に子どもを密着させたところ、未熟児の生存率があがり 養育放棄も減ったことから広まった
感動《かんどう》というか
なんというか…
痛いの
終わったー!
んぎゃー
赤《あか》ちゃんと
目《め》を合《あ》わせる
怒力《どりょく》
→こうするといいと
どこかで読んだ
合ってる…?
生《う》まれて
すぐですけど
赤《あか》ちゃんは
おっぱい探《さが》して
吸《す》いつきます
からねー
もぞ
もぞ
ほんと?
赤ちゃんの顔はむくんでいます

はい吸《す》いましたねー
ちょっと処置など
ぱっ
ホント？
よくわからなかった
果《は》てしないと思《おも》ったけど本格的《ほんかくてき》な陣痛《じんつう》から生《う》まれるまで5時間《じかん》ちょっと
安産《あんざん》でしたねー
ステキなお産《さん》でしたー
「ステキな」って…？
姉《あね》の言葉《ことば》を思《おも》い出《だ》す
安産《あんざん》だって痛《いた》いことに変《か》わりはないよ…
確かに!!
出産4時間
というか
姉《あね》と同《おな》じような痛《いた》さだったかも
すまん姉
度肝、抜かれました
私の場合、ちょっと痛いと思っていたらいきなり座っていられないほどの鋭い痛みが20〜30分少し休んでまた20〜30分を繰り返し、その後6分間隔にそしてエンジン発動
出産時間短い人はすぐ痛みMAXになるんだろうか
思《おも》うに
人の「陣痛」と自分の「陣痛」は違う
きっと
「切り傷」に感じる「共通の痛み」とかよりバリエーションがあるんじゃないのかな
もちろん赤《あか》ちゃんの頑張《がんば》りもすごい
回りながら降りてきます
手を胸の前に組んでいるので挟い産道を通るとき「ウェッ」と羊水を吐きつつ出てくるとか
自分もやったはずなのに全く覚えてないのもすごい

妊娠中《にんしんちゅう》 役《やく》に立《た》ったもの

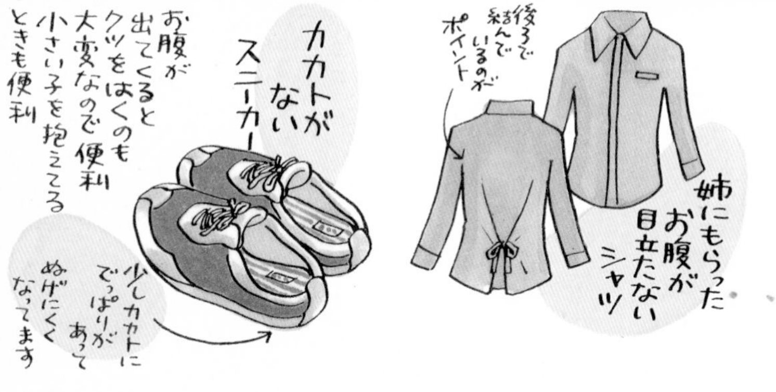

パパトニーのつぶやき

## 役に立ちたい、立ち会い

男性が分娩室に入るのを「タチアイ」という。土俵の上で相撲力士が行うのも「タチアイ」。単なる偶然だろうか…。

ちょっと前までは、父親が出産の場にいないのがごく普通だった。男たちが、出産に立ち会おうと思わなかったこともある。仕事で忙しいし、どうせ邪魔になるだけだからという考え方が働いていた。また、出産の場にいるのを「男らしくない」こととして、歓迎しないという社会的価値観もあった。今やその価値観はすっかり変わり、多くの男性が立ち会うようにはなった。しかし、変わっていないことも１つある。それは「父親は、あまり役に立たない」というところだ。

病院からのお知らせが来た時、僕は仕事で会議中だった。「まだ急がなくても大丈夫だと思いますが、奥さまの陣痛が少し前に始まりました」。急がなくていい？　冗談じゃない！２分後には会議を終え、５分後には病院に到着した。部屋には助産師さんや、その助手、それにお医者さんとさおりで、すでに５人もいた。全員女性。部屋に入らずに廊下で待っているのはさおりの母親。僕が、本当にこの部屋にいていいのか？　役に立とうと思って、せめてさおりのおでこの汗を拭こうとした。でも、そこはすでに誰かの「縄張り」になっているようだった。付き人も応援団も不要な状況の中で、せめてビデオカメラを設置して、写真を撮るようにした。あとは陣痛に襲われているさおりを見守るだけだった。何という無力感だ。……立ち会いができたとは言え、何も貢献ができていないではないか。電源コードに１、２回ひっかかってしまったが、幸いに他の人の邪魔にならなかった。せめて、そのことを誇りに思おう。

ほやほや
昨日《きのう》まで体《からだ》の中《なか》にあったものが
今《いま》目《め》の前《まえ》に
出《だ》しといて何《なん》だが
不思議だ…
ポテトスープみたいなにおい…
不思議だ…
出産《しゅっさん》というイベントが大《おお》きすぎて若干《じゃっかん》おかしな具合《ぐあい》に
あなたは炭水化物なの?

それもあってか昼夜《ちゅうや》関係《かんけい》なく起《お》きる息子《むすこ》につきあうのも平気《へいき》
まあ もともと夜中《よなか》起《お》きてたりするからねぇ
夜中《よなか》3時《じ》や4時《じ》に
みんなも起《お》きてる
うれしい♡
いつもは一人で仕事だから
ナースステーション
ガラガラガラ
うえぇ…
あっ そういえばこんなとき童謡歌《どうようた》ったりするんだよね
ん
童謡ってどんなのあったっけ?
そうそう象《ぞう》さん
ぞーおさん
ぞーおさん
おーはながながいの
あとは…
あっという間《ま》に終《お》わった
あとは!?

暗闇で歌う

ペッパーけいぶっ
じゃまをしーないでぇ
もう童謡《どうよう》は思《おも》い浮《う》かばず…
一方《いっぽう》トニーは
みーんな赤《あか》ちゃんだった時《とき》があるんだねぇ
ボン
あなたも…
あなたも…ねぇ…
ボン
ド
いいんですよ赤《あか》ちゃんだからね…
気をつけて
名《な》も知《し》らぬ何《なに》かの症候群《しょうこうぐん》に陥《おちい》っていた
こんな両親《りょうしん》ですがどうぞよろしく
私の母は私が生んでいたとき
恐がりのため遠くに逃げていた
お母様ー生まれましたよー
やっと
バタバタバタ
よかったー
ガシ!!
こんなばあばですがどうぞよろしく。

さらなる痛み
ワタクシ…
ゴカイを
しておりました
赤《あか》ちゃんに吸《す》われる
ことによって
お乳《ちち》が出《で》るように
なりますからねー
それまでは
ちょっと体重《たいじゅう》が
落《お》ちていって
出始《ではじ》めたら
また増《ふ》えて
いくんですよ
助産師さん
でも赤《あか》ちゃんは
口《くち》にあたったものは
とりあえず吸《す》っとく
という方針《ほうしん》らしく
指《ゆび》でも泣《な》かなくなったり
寝《ね》たりするので
時々《ときどき》吸《す》わせていました
確《たし》かに生《う》まれてすぐから
お乳《ちち》を求《もと》めます
せーの
えいっ
吸う方も吸わせる方も
お互いまだヘタなので
「コツ」が書いてある
病院の冊子を見ながら
ぱくっ
ちゅく
ちゅく

しかし3日《みっか》めの夜《よる》
うあああああん
吸《す》わせても
吸《す》わせても
号泣《ごうきゅう》
寝《ね》ても
すぐに
起《お》きるし
オムツを
換《か》えてもダメ
涙は
でないが
なぜ!?
さらに
この時《とき》
個室《こしつ》が
空《あ》いておらず
4人部屋《よにんべや》
窓
カーテン
すやすや
すやすや
すやすや
ほかの子《こ》は
ちゃんと
寝《ね》てるのに…
超迷惑《ちょうめいわく》
だろうなー
お乳《ちち》飲《の》ませて
ダメならもう
どうすれば
いいの!?
出産《しゅっさん》3日《みっか》めにして
育児《いくじ》ノイローゼ気味《ぎみ》に
そんな時《とき》は
授乳室《じゅにゅうしつ》
希望の灯
授乳室
24時間
オープン
私の病室
廊下《ろうか》には
同《おな》じく居場所《いばしょ》を求《もと》める
母《はは》たちの影《かげ》
ガラガラ
ガラガラ
ガラ
助産師《じょさんし》さんに
助《たす》けられつつ
頑張《がんば》つたのですが

4日《よっか》め5日《いつか》めは泣《な》かないものの
吸《す》うとすぐ寝《ね》てしまいちょっとたつと起《お》きて吸《す》うけどまたすぐ寝《ね》て…
すぐお腹《なか》いっぱいになって寝《ね》ちゃうのかな
減り続ける体重
よーく考《かんが》えてみて!
電話で相談した名助産師さん
お腹《なか》がすいて目《め》の前《まえ》にごちそうがあるのにすぐ寝《ね》てしまう…なんておかしいと思《おも》いませんか?
ガ
それはお乳《ちち》が出《で》てこないので疲《つか》れて寝《ね》てしまっているのでは?
ん
泣《な》くだけの体力《たいりょく》がなくなっているのかも…
その通《とお》り!この時《とき》お乳《ちち》が満足《まんぞく》に出《で》ていないのに私《わたし》は気《き》づいていなかったのです
母乳はどれだけ飲んでいるかよくわからない
出《で》るタイプの人《ひと》は「吸《す》わせれば自然《しぜん》に出《で》てくるようになる」のかと思《おも》ってた!!
ゴカイでした…
また「おっぱいマッサージ」しましょうか
はい……

ウワサには
聞《き》いていましたが
これが…
いった〜〜〜い!!
うあああ
私が泣く番
乳首《ちくび》などを容赦《ようしゃ》なく
つねられたり
ひっぱられたり
うっ
いたっ
頑張《がんば》って
出産《しゅっさん》が
終《お》わっても
まだこんな
痛《いた》いめに
あおうとは…
絵は自粛
ですよねー
もうちょっとです
それでも減《へ》っていく
子《こ》の体重《たいじゅう》
これ以上《いじょう》減《へ》るのは
心配《しんぱい》なので
粉《こな》ミルクを少量《しょうりょう》
飲《の》ませましょう
ナースセンターで
寝《ね》かせますから
お母《かあ》さんもゆっくり
寝《ね》てください
寝ないとお乳も
でないんですよ
それができるなら
もっと早《はや》く
言《い》ってほしかった…
がーん
とまたショックを
うけつつ
計《けい》4時間《よじかん》ほど寝《ね》て
起《お》きてみると…
どーん
ものすごく!!
胸《むね》が張《は》っていた

やっとこれで
お乳《ちち》の出《で》るおっぱいに
なったのでした
全《ぜん》っ然《ぜん》違《ちが》う!!
自分史上最大の巨乳期突入
しかし!
お乳問題《ちちもんだい》が
解決《かいけつ》しても
次《つぎ》の課題《かだい》が
あります!!
まだまだ寝不足…
次《つぎ》の課題《かだい》「ゲップ」
お乳《ちち》を飲《の》ませた後《あと》は
ゲップをさせるのですが…
さすさすさすさす
これが出《で》ない!!
かつぐようにとか
寝かせてから立てるとか
いろいろ方法はありますが
英語《えいご》で
「ゲップを
させる」って
いうのは
1《ひと》つの単語《たんご》
なんだよね
「難《むずか》しい」って
ことの表《あらわ》れ
じゃないかなー
彼にげっぷさせる
burp him
(Make him burp
となるところが
Makeが抜けている)
出《で》ないまま寝《ね》かせると
吐《は》いたりして
あぶない
吐《は》いても
ノドに
つまらないよう
タオルを背中《せなか》に入《い》れて
体《からだ》をナナメになるように
寝《ね》かせます

入院中《にゅういんちゅう》に1度トニーに泊《と》まってもらったのですが
夜中《よなか》一緒《いっしょ》に起《お》きたりして支《ささ》えてあげてくださいね時々《ときどき》本当《ほんとう》に「泊《と》まっただけ」って人《ひと》がいるので…
男《おとこ》は「家具《かぐ》」に近《ちか》いんですね
子《こ》をベッドに寝《ね》かせようとしたので
トニーナナメに!!
ナナメに寝《ね》かせて
え?ナナメ?
吐《は》いても大丈夫《だいじょうぶ》なように体《からだ》がナナメになるように!!
…こう?
ちがう!!
対角線とかじゃない
いろいろありますが「家具《かぐ》」にならないようがんばっています
なにかしようか?
たぶん→寝てる

パパトニーのつぶやき

## 途切れ途切れ、途…切れ途…

独身時代を終えて結婚生活を始めると、大きな変化を感じる人もいるらしい。スピード防止帯のでっかいやつに当たったような感覚だろうか？　僕には、それはなかった（道のところどころに、凸凹があるだけだ）。たぶん、さおりのことをある程度理解し、一緒にいる時のリズムに慣れてから結婚したからだろう。

一方、父親になった時の激変。何がどう変わったかと言うと、キーワードは「時間」。うちの子は「昼も夜もどちらも存在しない」という最初の時期を卒業したら、早寝早起きになった。しかるべきことだが、父親は決してそうではなかった。深夜の3、4時になってから寝る、という今までの生活から、息子に合わせて早朝（深夜？）の5、6時頃に起きるようになった。しかも夜、数回、泣き声で起こされるから、丸々8時間寝ることは、もはやない。子どもの前でテレビを見ないようにしているから、普通のテレビ番組を見る時間が減り、ラップトップや携帯で見る習慣が定着しつつある。読書と執筆も、以前ならいつでも好きな時にできたが、今や、「あの子、寝た！今だ！」という生活に変わっている。

赤ちゃんがこれから生まれる方、覚悟してください。「マイ時間」が激減します。そして子どもの動きに合わせた「途切れ途切れ生活」が始まるぞ。

# 一江の撮影

トニーニョ一カ月の頃、
今から
お風呂
いれるから
ビデオ撮って
ええっ
やったことない!!
きれいに
しようねー
こう?
こう?
早く
早くー
ちょっと
リーちゃん
手!手!
私のこと
なんで
ふさぐのー
それ、
私の手じゃ
ないよ…

# 家に帰る

退院《たいいん》の日《ひ》
さー お家《うち》に 行《い》こうね
実《じつ》は私《わたし》 とても不安《ふあん》だった
何《なに》せ この人《ひと》
途方もなく無力
起《お》こせるアクションは ほぼ「泣《な》く」のみ
こんなに 人《ひと》に命《いのち》 ゆだねて 大丈夫《だいじょうぶ》 なの？
というか私《わたし》たち こんなに ゆだねられて 大丈夫《だいじょうぶ》なの!?
お義母《かあ》さんも いるから 大丈夫《だいじょうぶ》 でしょう

子育て
ぜ〜んぶ
忘れちゃった★
今《いま》までは病院《びょういん》だから
余裕《よゆう》だったけど…
キャー
ケポ
どうしたら
どうしたら
少《すこ》し前《まえ》まで
存在《そんざい》してなかった
命《いのち》は
簡単《かんたん》に
また
存在《そんざい》しなく
なりそうで恐《こわ》い
うう
なで
すぅ…
あら
安心《あんしん》してる
ような顔《かお》
するなあ
うん
よーし
帰《かえ》ろっか
それを支《ささ》えに
家《いえ》に帰《かえ》った

しばらくは部屋《へや》の中《なか》で
赤《あか》ちゃんだけ見《み》つめる毎日《まいにち》
つる〜
やわ〜
この…何《なん》の感情《かんじょう》も沸《わ》いてなさそうな目《め》…
動物の赤ちゃんに似てる…
顔むくみ中
↑舌しまい忘れ
ぬっ
どーお?
わっ
でかっ
何これ
この凹凸《おうとつ》!!
毛《け》!!
毛《け》が!!
あのね
この
かわいい子《こ》にも
毛《け》は
生《は》えるんだよ
ホントに…?

あ
寝《ね》たかな？
しかしさー
ほかの動物《どうぶつ》は
生《う》まれてすぐ
立《た》てたり
するじゃん？
おなじみ
仔馬
ぷるぷる
ぷる
人間《にんげん》の
赤《あか》ちゃんって
危《あぶ》ないよね
もうちょっと
お腹《なか》の中《なか》で
寝《ね》てきたら
どうかしら
猿《さる》の赤《あか》ちゃんも
お母《かあ》さんにしがみつける
らしいし…
人間《にんげん》の
赤《あか》ちゃんも
握《にぎ》れますよー
人間がこの状態で
生まれるのには
いろんな理由がある
と思うけどね
脳が大きいとか
※人間の赤ちゃんも
自分の体重を支えるくらいの
力はあるらしい
握《にぎ》るのは
近《ちか》づいてきた人《ひと》を
逃《にが》さないって
ことかな
あと「かわいく
思《おも》ってもらう」
とかね
そうして
人《ひと》の好意《こうい》に
頼《たよ》っていく戦略《せんりゃく》か
私も
ひと休み
…
でもまぁ
初《はじ》めにいっぱい
寝《ね》てくれるから
親《おや》も休《やす》みつつ
だんだん
「子育《こそだ》て」に
慣《な》れていけるの
かも知《し》れないね

あ
そういえば 昔《むかし》に比《くら》べて 生《う》まれる時《とき》の 体重《たいじゅう》が少《すく》なく なってるけど…
「もっと小《ちい》さく 生《う》まれても大丈夫《だいじょうぶ》だし 母《はは》もラク」って気《き》づいた 結果《けっか》の「進化《しんか》」なのかな？
いや それは ある種の「退化」？
あぁああ
ああ
はいはい お乳《ちち》ね
ぱっ
いろいろ 言《い》っても 面倒《めんどう》は みてしまう わけで
おムツは？
あ〜
結局《けっきょく》 赤《あか》ちゃんは そこにいるだけで
周《まわ》りを動《うご》かす 「力《ちから》」を持《も》っている ということですね
無力なふりを してるんですよ
蒙古斑《もうこはん》の話《はなし》
海外《かいがい》でこれを 見《み》たことない人《ひと》が 「虐待《ぎゃくたい》」と勘違《かんちが》いする こともあるとか
「蒙古斑」と 言うだけあって モンゴル人種に 多く 出るもの
ハンガリーでも たまに 見られます
息子は ほんの少し ある
寝る直前の顔

パパトニーのつぶやき

# 妖精のウンチ

病院行きのタクシーは、乗客はさおりと僕で２人。退院の時は、頭で考えれば確かに３人（さおり母を入れて４人）だと言えるけれど、まだまだ２人、という感覚だった。荷物が少し増えた２人。

息子には内緒だけど、ちょっと恥ずかしいことに、彼を息子として見るまでには、しばらく時間がかかった。

さおりが病院にいる１週間は、確かによく泣く、小さい存在が側にいた。それは「赤ちゃん」というもの。こいつを当分の間、世話をしなくてはならない、そのうち複雑な関係が形成される、と漠然とはわかっていた。だけど、世界80億人に加わる、１人の新しい「人」が誕生したという実感は、まだできていなかった。僕には、この赤ちゃんは何らかの魔法によって突然現れた妖精のようなものだ。もっと可愛く言えば「天使」。

ようやく、人間として見始めたのは、家に帰った後だ。意識改革の引き金は３回か、４回目くらいのおむつ交換だっただろうか。妖精や天使は排泄をしないことくらいは、鈍感な僕にでもわかるのだ（それが金貨か宝石でなければ）。

そして、この糞…。これは、猫のものに似ていなくはないが、小さい人のものと言えば納得できる。「そうか、お前も人なのか」。息子として感じるようになったのは、１、２回お風呂に入れてからだ。体を洗っている時は、顔をただ眺める時と違って、いろんな角度から注意して見る。その時、泣いたり、泣き止んだりすることで、こちらに話しかけてくれている気もする。

「そうか、僕たち、親と子なんだな」。

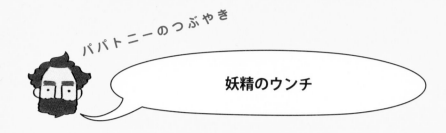

# おへそ

それは
生後《せいご》1カ月《げつ》を過《す》ぎて
お風呂《ふろ》に入《い》れている
最中《さいちゅう》だった…
何《なん》か…おヘソ大《おお》きくない？
え？
ん一…
そう言《い》われてみれば大《おお》きいような…
でも赤《あか》ちゃんが小《ちい》さいから大《おお》きく見《み》えるのかな？
と思《おも》って2～3日《にち》様子《ようす》をみましたが
明《あき》らかにでかい…

はれてるのかな？痛《いた》がってる感《かん》じはしないけど
明日《あした》診《み》てもらおう
とりあえず調べて…
あーこれだ「臍《さい》」っておへそのことだって…
臍《さい》ヘルニア
おへその筋膜《きんまく》の穴《あな》から腸《ちょう》が出《で》てくるもの1歳《さい》までに8割《わり》が自然《しぜん》に治《なお》る特《とく》に治療《ちりょう》の必要《ひつよう》はない
いわゆる「でべそ」
「約《やく》2割《わり》の赤《あか》ちゃんに起《お》こる」…ですか
まぁひと安心かな
とりあえず落《お》ち着《つ》いて診察《しんさつ》に向《む》かったのですが
あー臍《さい》ヘルニアだね
まあ心配《しんぱい》ないと思《おも》いますけどねー
じゅぼっ
じゅぼっ
そんな気軽《きがる》にじゅぼじゅぼと!!
←気にしてない様子

でも特大《とくだい》だなー
一応《いちおう》小児科《しょうにか》で
診《み》てもらって
「特大」って書いておこう
じゅぼじゅぼじゅぼじゅ
永遠に…
小児科《しょうにか》に行《い》くと
じゅぼっ
そんなに
特大《とくだい》ってわけでも
ないですよ
大丈夫《だいじょうぶ》でしょう
また!!
じゅぼ
お風呂あがり
わ…
私《わたし》も…
親だし
……
そ…
…
にゅる〜〜
ギャー
「内臓《ないぞう》」感《かん》!!
「内臓《ないぞう》」感《かん》!!
もう
二度と
触りません…
あー

2カ月後《げつご》の検診《けんしん》でも
じゅぼっ
じゅぼっ
たいていはそのうち閉《と》じます治《なお》らなければ手術《しゅじゅつ》になりますが
あんなに内臓感あるのに!!
早《はや》く治《なお》すにはバンソーコーでとめるといいって…
しかしはがれる上《うえ》に赤《あか》くかぶれそうだったので中止《ちゅうし》
何《なん》カ月《げつ》かして気《き》づくと
だいぶへこんできたねー
皮《かわ》は余《あま》っているので
お腹すいてる?
ねぇねぇ
ボクシナモンロール持ってるよ〜
ってなことに
まあこの先《さき》本人《ほんにん》が気《き》にすればおへそを小《ちい》さくするって感《かん》じかな
しかしマンガに描かれてかわいそう…

パパトニーのつぶやき

## 頬《ほお》と臍《へそ》の話

１点を除いては「完璧な美人」。そんな女性が登場する19世紀の短篇小説がある。

子どもの時に読んだ、ナサニエル・ホーソーンの『痣《あざ》』。タイトルの通り、女性の唯一の欠陥とは、頬に付いている小さな赤い印。その瑕疵《かし》をどうしても改めたい夫が、妻を説得して、薬を与える。するとあざが消えて、夫婦は喜び合う（特に夫の方）。が、副作用からか、その次の瞬間に女性が息をひきとる、という話だ。

さおりが妊娠した、という知らせをもらった日から、子どもが無事に生まれるように、と祈ってきた。「無事に」とは何か、漠然としたことしか頭になかったけれど、とにかく、山羊、蛇、ライオンと、三つの頭を持つキマイラのように、火を吹きながら出てきてほしくない、と願っていた。あと、生まれてすぐに、親をフォークでつつくような赤ちゃんも嫌だな。

でも、「無事」をお願いしながらも、「完璧」を要求してはならないと、心の中で決めていた。「小さな欠陥があっても、あまり文句は言わない」。きっと欲張らずにそう誓った方が、神々が願いを叶えてくれるだろう。息子の臍《さい》ヘルニアは、「特大」でも、あまり深刻なタイプではなかったようだ。その後はちょっとした出べそだが、これは美人の頬に浮かぶ、小さな痣《あざ》のようなものではないか。細かい話だ。

## 教えて！ Dr. その2

**Q**

**臍《さい》ヘルニアって、ほっといても大丈夫でしょうか？**

**A**

**ほっておくことを、おすすめします。**

回答：小児科医　山田真先生（八王子中央診療所）

赤ちゃんの出べそはとても多いので小児科医は見なれています。ですからお母さん、お父さんの心配をよそにグジュグジュ押しこんで遊んだりするのです。

赤ちゃんのおへそがとび出てくる場合、生後数日から数週の間に起ります。そしてだんだんとび出してきて3ヵ月から6ヵ月ぐらいの間にピークになります。その後はだんだんひっこんでいくのが普通で１歳ごろまでに８割くらい、２歳までに９割くらいが自然になおってしまいます。２歳をすぎてもまだ相当大きい場合、簡単な手術をすることもあります。

昔は５円玉のような硬貨を出べその上にのせバンソーコーで止めたりしましたが、それで早くひっこむわけでもなく、硬貨でおへその表面がこすれたりするので行われなくなりました。そのかわりにバンソーコーだけをはっておく方法をすすめるお医者さんもいますがかぶれたりただれたりするので、大多数の小児科医はほっとくことをすすめています。

# 恐怖の無限ループ

私《わたし》の場合《ばあい》
2カ月《げつ》までが
精神的《せいしんてき》には
一番《いちばん》しんどかった
と思《おも》う
まだ 笑わない 時期
普段《ふだん》は
泣《な》かないほうだと
思《おも》うけど
時々《ときどき》
授乳《じゅにゅう》の後《あと》
ぐいしっ
首が据わってないのが また大変
ゲップ させないと…
でもゲップは
やっぱり
なかなか出《で》ない
本人《ほんにん》も
気持《きも》ち悪《わる》いらしく
泣《な》く
泣《な》く
←
りきむ
あ
オムツ
濡《ぬ》れてる
おしっこサインが青に
りきむ
←
うんちする
または
おしっこ

オムツ換《か》える←泣《な》く…
あぁぁあ～
あ
あ～
この無限《むげん》ループに突入《とつにゅう》!!
授乳
ゲップできない
泣く
りきむ
うんち
おしっこ
オムツ交換
泣く
換《か》えても換《か》えても青《あお》に変《か》わるオムツのサイン
泣《な》きたいのはこっちなんですけど…
1度おしっこしたら絶対換えないといけないと思っていた
10分くらいの間に6回換えたことも
あ～ん
シャーーッ
あーっ
夜中《よなか》に服《ふく》やシーツ全取《ぜんと》っ換《か》え…
うう…
あ～ん
あ～～ん
止《と》まった
何かを察知したのか？
ピタッ

※揺さぶられっこ症候群…首のすわっていない乳児を激しく揺さぶることで頭がい骨や眼座に出血し、結果死亡したり後遺症を残す疾患。

大丈夫《だいじょうぶ》!?
……
あ〜…
動《うご》いた
よかった〜〜
この時《とき》 私《わたし》の「スイッチ」が入《はい》った
ごめんね ごめんね
その後《ご》は ほとんど 怒《おこ》らなくなって
泣《な》いていても
ホーーイ
ホイホイ ホーーイ
イナ・バウアー
あるいは
はいっ
我《われ》に 返《かえ》って!!
やや大《おお》きめの 声《こえ》で言《い》うと 成功《せいこう》することも
ポン!
私が泣いた時 子供が泣きやんだのも 自分より大きな声が 聞こえたからかも
軽くね
またトニーも
今日《きょう》は ひとりで ランチでも 行《い》ってきたら?
みてるから

この頃《ころ》は少《すこ》しでも
「離《はな》れる」ことが
ささやかな
息抜《いきぬ》き
ふーーぅ
夜《よる》にちょっと
「コンビニへ」でもいいから
周《まわ》りの人《ひと》にぜひ
協力《きょうりょく》して欲《ほ》しいなぁと思《おも》う
また頑張《がんば》ろう
帰《かえ》ったら
あ
ああ
あ
あ
あ
あ
あ
ということも
あるけど
どれどれ
お乳《ちち》飲《の》もうねー
大変だったよ…
でふ
奥さん
もう
結構です
金満社長風
もういいの？
すー…
小《ちい》さい肩《かた》だなー

こんな小《ちい》さな体《からだ》で
私《わたし》たちだけを頼《たよ》りに
生《う》まれてきたんだなぁ
よっこいしょ
かわいいねぇ
うん
最高だね
うん
そして2カ月《げつ》も
終《お》わりの頃《ころ》
片頬《かたほお》で
笑《わら》うようになったのでした
ニヒル…

電球なら光るんだけどな……

パパトニーのつぶやき

## ちょっとチクッとするよ

息子の2ヵ月検診の時、赤ちゃんがかかりうる病気は、どれだけ恐いものか、という説明があり、予防接種のリストを提示され、漏れなく受けるようにすすめられた。病気の発生率や、ワクチンの特徴について、より詳しいことを聞こうとしたら、先生は「子どもは小さいうちは、針の痛みはあまり感じないから、なるべく待たない方が親切だよ」と言った上で、「予防接種については、インターネットでいろいろと言われているけど、あまり左右されないように」と付け加えた。

確かに、当てにならない情報も出回っている。しかしよく探せば、医者による分析や助言だってある。予防接種を受けさせるかどうかは、ネットも含め、本や雑誌から情報を集めたり、知人の考えを聞いたりした上で、よく検討して決めた方がいいのではないか？人間は、最終的に自分の身を自分で守らなくてはならないのだから。そのためにも、情報提示や患者との意見交換を重視する医師が増えてほしい。

結局、いくつか予防接種を受けさせることになったが、ある時、息子が動いたわけでもないのに、先生が注射器を抜く時、皮膚をすった。あまり大したことではなかったが、息子の「初怪我」となる事件だった。まあ、予防接種の副作用にしては小さい方でなにより、と思っている。

# 油断

出産《しゅっさん》した後《あと》も授乳中《じゅにゅうちゅう》は食《た》べ物《もの》に気《き》をつけないといけません
お乳《ちち》が作《つく》られすぎて乳腺《にゅうせん》がつまって炎症《えんしょう》になっちゃいますから
食《た》べない方《ほう》がいいもの
・餅米《もちごめ》 ・お肉《にく》
・生《なま》クリームやバター
チョコを含《ふく》む油《あぶら》っこいもの
・乳製品《にゅうせいひん》
そのほかカレーやキムチなど辛いもの、カフェインやお酒、糖分の多いもの…などなど
ホントにー? そこまで気《き》にしてるのって日本《にほん》だけじゃないの?
さらにケーキを少《すこ》しずつ食《た》べてみても
んー何《なん》ともない!!
甘いもの中毒 と いうことで
私《わたし》は平気《へいき》なのかもね
調子にのっておりました
くすくす
ある日《ひ》ランチで
久々《ひたぴさ》ークリームソースのパスタ
一人前《いちにんまえ》の2/3くらいを食《た》べた
→少し気にしている
トニーニョ
生後6カ月くらい

その日《ひ》の夜《よる》
さーて 添《そ》い乳《ちち》…
ん？
ガチッ
早く 早く 乳を
お乳《ちち》の中《なか》に なんか「カベ」が あるんですけど…
内部に こんな
深夜 ひとり お風呂場で
ちょっ… ちょっと もんでみましょ
でもあんまり ヘタなことすると よけい悪《わる》くなる とも聞《き》くし…
しかし 次《つぎ》の日《ひ》
ガ
チーン
カ…カベ 広《ひろ》がった!!
痛くなって きた……っ
注：イメージ
ちょうど 6カ月検診《げつけんしん》に 行《い》ける頃《ころ》だったので
あのっ おっぱいが ガチガチ なんです けどっ
助産師さん
あらー じゃあ みてみましょうか
うぁ〜〜
治《なお》す時《とき》も また 痛《いた》く
ぬう
こらえ富士
日本人の体は 生クリームなど 食べるようになって まだ日が浅い ですからねえ
だからなの…？
ひどくなると 高熱《こうねつ》が出《で》て とても大変《たいへん》です
油断しないで!!
神様《かみさま》 ごめんなさい
もう クリームを あなどったり しません

## 教えて！ Dr. その3

**Q** 乳腺炎はどのようなことに気をつければいいでしょうか？

**A** 自分のバランスを知ること、これが大事です。

回答：助産師　関 麻理子先生（育良クリニック 師長）

母乳育児をしていくのは、「生ものを扱うお店」をやっていくようなもの。

仕入れ（おっぱい）と、お客（赤ちゃん）のニーズのバランスが取れ、流通（授乳）がスムーズなら、在庫も抱えず、経営していくことができます。そのため、「自分にとってのバランスと許容範囲を知ること」が、乳腺炎予防の第一歩です。

基本は、日本人なら、白米と野菜中心のおかず、脂肪は口から摂ったものがおっぱいの成分に反映されるため、摂る量に一番注意が必要です。もともと、乳腺の細い人、ちょっと食べるとすぐ胸の張る人、赤ちゃんが一度にたくさん飲めなかったり、授乳間隔があく傾向の人は、動物性の脂肪は控えめに！ 人によっては、甘いものも避ける必要があります。

何をどのくらい摂ると危険かは、個人差によるところが大きいので、最終的には自分の体と相談です。「ちょっと摂りすぎ〜っ」と思った日には、赤ちゃんに助けてもらって、たくさん飲んでもらってください。おっぱいをあげた時に、乳首の先端がちくちくしたり、マーブル状のおっぱいが出る時は、乳腺炎の一歩手前！ 乳首の先をほぐしたあと、頻繁に飲んでもらってください。

おっぱいが少し赤い時は、その場所だけ冷やしてもOK。水分も特に控えなくて大丈夫です。

工場長!! 納期までに間に合いません!!
うぉー
無念だ
次の日
今日は… いらんのやないかあー?
工場長
どら焼♡
ガタッ
工場長!!
ぱくっ
なにっ いるんかいな じゃあ大いそぎで!!
間に合いません… 工場長……!!
む……無念……!!
まゆげ工場で このようなことが 起こっているため
多くの新生児には まゆげが ありません
お隣の まつげ工場も こんな調子です

# 一江のたからもの

あっ メール
メールは4番めくらいに大切やからねー
ほー じゃあ1番から3番はっ
1番は2人おるんやなー
うんうん
かのことトニーニョね
…で3番はっ
3番…3番ねぇ…ん〜〜〜っ、何やろ？
まー自分の命っ、…くらいかなー
あとなんもないわー
パカッ
ははは
私ら子どもはメール以下か!!

# 3

# 手さぐりの毎日

「泣くだけ」だった赤ちゃんが、笑うように。
あ、これってこんなに嬉しいことなんだ。

# 名前の由来

息子《むすこ》は生《う》まれてからしばらく
「テンテン」と呼《よ》ばれてました
なぜかというと妊娠初期《にんしんしょき》
今日《きょう》診《み》てもらったら1.5センチだった
ほー
1.5…それ名前《なまえ》にする?
え!?
トニー
さおり
イッテンゴ

…どうかなー!? まぁ名前《なまえ》の ことは おいおい…ね!!
でも それが きつかけで
イッテンゴ ← テンゴ ←
テンテン ちゃん
妊娠後期《にんしんこうき》になつて
男《おとこ》の子《こ》だったら トニーと同《おな》じ 名前《なまえ》にした方《ほう》が いいかな
実《じつ》は 祖父《そふ》や父《ちち》と 同《おな》じ名前《なまえ》を 受《う》けついでいるトニー
→三代目
受《う》けついだ 名前《なまえ》で よかったなと 思《おも》ってる?
親と同じ名前って 不思議な感じ するけど…
うん 思《おも》ってるよ
と話《はな》し合《あ》っていたので 同《おな》じ名前《なまえ》に決定《けってい》
→笑うようになった四代目
問題《もんだい》は
どっちも 「トニー」 やもんねぇ
どうする? 「小《コ》トニー」 とか?
「ブリトニー」みたいな?

結局《けっきょく》
テンテンちゃーん
姪かのこ
テンテンにこれー
悩んだあげく
名前《なまえ》考《かんが》えた?
んー……
呼《よ》び名《な》は「トニーニョ」にします!!
トニーニョ?
ニョ?
ニョ!!
「ニョ」はポルトガル語《ご》で小《ちい》さいものにつける愛称《あいしょう》
イタリア語《ご》では「トニーノ」だけど
「ニョ」っていい響《ひび》きでしょ
サッカーの「ロナウジーニョ」の「ニョ」と一緒
→「ロナウド」に「ニョ」がついた

なになに
トニー…
ニョ?
ニョ?
ニョ!!
ト
ニー…
ニー…
ニョ
ニョ…
年寄《としより》には
概《おおむ》ね不評《ふひょう》
すぐ
トーニニョー
ニーニョー
自由に呼び
はじめた母
最近は
トン
ちゃーん
と言《い》いだした
豚…ちゃん…?
確かにパツンパツンに
太ってきたが…

授乳中《じゅにゅうちゅう》 役《やく》に立《た》ったもの
授乳
スカーフ
外出先で
いつでもどこでも
授乳できます
違う
タイプも
四角い布を巻くタイプは
オムツ替えの時
下に敷
敷いても
桜沢エリカ先生に
いただいた
トルマリン
腹巻き
冬の授乳も
寒くない!!

パパトニーのつぶやき

## 演じてこそ「音楽」

「クラシックを覚えれば、どんなジャンルの音楽でも演奏できる」。

そう言われて育った。「覚えなきゃ」という思いをずっと抱いてはいたものの、実践してこなかった。

「自分ができなかったことは、子どもにやらせればよい」という押しつけがましい発想に走るのはよくないが、音楽を大切にするという前の世代の考えを受け継ぎ、子どもに伝えるのも悪くない。

そんなわけでトニーニョにピアノの音楽をよく聞かせている。どういうわけか、ショパンとリストを中心に。反応はまったくないと言っていい。でもこっちが曲に乗り、手足を動かしたり踊り出したりすると、様子が少し違ってくる。

「こんな父親で大丈夫だろうか」と、ただ心配しているのかもしれないけれど、一応興味を持って見てもらえる。一緒に体を揺らす場合もある。子どもに音楽を聞かせようと思えば、簡単な踊りを用意して、披露するのも大事なようだ。

あと大切なのは、「生」を聞かせるということだ。実は、二十歳《はたち》くらいからフルートをかじっているのだが、それを取り出して少し聞かせると、うちの子はけっこう喜んでくれる。ただ、悩みはレパートリー。吹ける曲は1つしかない。それも、ただのバラードだ。あ〜、クラシックをちゃんと覚えればよかった…。

# もったいない

それは
2泊《はく》3日《か》で
里帰《さとがえ》りした時《とき》のこと
昼間から
たそがれる乳児
今回《こんかい》はホテルをとって
和室《わしつ》を選択《せんたく》
転がる人が
いる時に便利
寝《ね》る時《とき》も
ベッドより
安心《あんしん》…
ですが
じゃあ
川《かわ》の字《じ》で
寝《ね》ようね
私
子
ヒゲ
自宅《じたく》ではこのところ
私《わたし》とトニーニョが一緒《いっしょ》に
トニーはひとり寝室《しんしつ》で寝《ね》て
私の仕事部屋に
マットなど敷いて
朝《あさ》
トニーニョが
起《お》きたら
トニーが
面倒《めんどう》を
みてくれて
いるので
5時半～
6時半
起床

トニー
久《ひさ》しぶりだね
トニーニョと
寝《ね》るの
……
何《なに》してんの?
ボク
トニーニョを
つぶさない
自信《じしん》ないから
なるべく端《はし》っこで
寝《ね》るよー
…って
その布団《ふとん》
誰《だれ》も寝《ね》てない
じゃーーん!!
ムダ…!!

布団《ふとん》に
体《からだ》6割《わり》くらい
乗《の》せて寝《ね》れば
いいじゃん
……
言い出したら
8割方聞かない男
である

寝姿はちょっとした地蔵

# めきめき

人間《にんげん》の初期《しょき》「泣《な》く（イヤだ）」の次《つぎ》に表《あらわ》れる感情《かんじょう》は「焦《あせ》り」だと思《おも》う
生《う》まれて1カ月《げつ》もたつと
寝《ね》た
そ～～～～～～と……
と……
ぱちっ
はっ
おいおい置かれてんじゃねえか!!
置《お》かれるとわかるセンサーが発達《はったつ》するし
やっと寝《ね》かしつけて
いただきまーす
あ～～ん
この「ごはん食《た》べるぞ」って時《とき》がわかる超能力《ちょうのうりょく》は何《なに》かに使《つか》えないものかね
うえ～～
まだ涙はでない
まぁそうは言《い》ってもごはんは食《た》べたいので
す～
でも世話《せわ》してもらわないと死《し》んじゃうから泣《な》くんだよね…

私《わたし》も進化《しんか》
人間《にんげん》片《かた》ひざたてればたいていできる
むしろ行儀を忘れて退化…？
しばらくすると乳《ちち》に対《たい》しても焦《あせ》り出《だ》す
早く早くくく
こんな蚊、いるなー
手足《てあし》を脱皮《だっぴ》したり
動物《どうぶつ》っぽいねー
「寝《ね》ハゲ」ができたり
生まれた時の柔かい毛から丈夫な毛へ生え変わる
ビクッ
…となる「モロー反射《はんしゃ》」うちでは「発明《はつめい》」と呼《よ》んでいた
あっまた何《なに》か発明《はつめい》したよ
電気関係じゃないかな
そして4カ月頃《げつごろ》には
世《よ》を憂《うれ》いたり…大忙《おおいそが》しです
デフレ・スパイラルについて考えてるんだねきっと
赤ちゃんは生まれてすぐから「伸び」もします
人間にとって「伸び」が大事ってことだよ！大人もしてね
と整体の先生に言われた
ハイハイする前はプクプクになる

パパトニーのつぶやき

# オンブにダッコ

「今が一番いい時期なんだよ。大いに楽しみなさい」。多くの子育て経験者からこう言われる。そうかな？　それはどうして？

これは、子どもは可愛い盛りで、益々元気に動いているにもかかわらず、まだ「足」がない、ということらしい。つまり、あちこち追いかけなくてすむと言いたいようだ。確かに子どもが激しく駆け回る時期を「嵐」として考えれば、4ヵ月頃は、その前の「静けさ」に当たるかもしれない。いまいち静かという感じがしなくても。

まだ自由に動けない、こうした赤ちゃんを自分の体にくっつけて町を歩く人がいる。僕もその中に入ろうと、何種類ものスリングやおんぶ紐を試してきた。しかし、どれもうまくいかない。恥ずかしいことだが息子をダッコしていると、10分しない内にすぐ腰が痛くなる（赤ちゃんを何ヵ月も抱えている妊婦さんたちに脱帽）。おんぶの方がずっと楽だ。それでも、その取り付けは別問題。この紐やあの紐を引っ張ったり絡めたりしていると、あまりにも時間がかかって、「あんた、何やっているかわかっていないだろう？」という顔を息子にされる。おんぶの名人であるばあば（さおりの母）と比較されているに違いないと思い、さらにあせり、結局イライラしておんぶを諦めてしまう。

そんなわけで、赤ちゃん「転がし派」になった。ベビーカー押しだけは、誰にも負けないぞ。でも、待てよ、「…これ、どうやってたたむんだっけ…？」

# ツボを探して

一江《かずえ》は見《み》ていた
私《わたし》やトニーがトニーニョを足《あし》に乗《の》せているのを…
2〜3カ月の頃 特によくやっていた
ああやって遊《あそ》べばええんやね…
ぎゅううう
なんかギッチギチなんやけど⁉
くるしい…

はぁ はぁ
も… 申《もう》し訳《わけ》ない ニーニョ… 足の長さというか お腹というか…
そう…みんな 遊《あそ》びを模索《もさく》して いるのです
「しゅぱしゅぱ」が効《き》くよ
オレ発見
それ 何《なに》？
見《み》てて
しゅぱ
しゅぱ
しゅっぱ
ぶるるるるる

……
あれ？ あれ？
昨日《きのう》はすごくウケたんだけど…
コホン
私《わたし》も見《み》つけたんだけど
私《わたし》のは何回《なんかい》もやってウケてるからね
お～～
お～～っ
→高く
……
あれっ あれれっ
お～
この頃《ころ》の赤《あか》ちゃんのツボは読《よ》めない
ね？
だよ？
無視
ねえ
真打ち
私《わたし》のは喜《よろこ》ぶよー

ぐ〜じょ〜の
な〜ぁ
突然《とつぜん》の
盆踊《ぼんおど》り
自分が
踊りたいだけ
なのでは？
……
微妙
しかし言葉《ことば》よりは
ライトー
レフトー
ライトー
きゃははははは
体《からだ》を使《つか》った
ものの方《ほう》が
ハズレが
少《すく》ない感《かん》じ
体動かすのは
脳にも
いいとか
さて歌《うた》い踊《おど》る母《はは》は
私《わたし》が通《かよ》う
矯正歯科《きょうせいしか》でも
待合室からつつ抜け
え〜〜っさ
え〜〜っさ
えさほいさっさ〜
先生
懐しい
歌だなー
プップッ
おさるの
かごやだ
ほいさっさぁ〜
家《いえ》でも
歌《うた》っていたが
歌《うた》っとったら
自分《じぶん》が
眠《ねむ》なった
バタッ
マイペースは
変《か》わらず…です

パパトニーのつぶやき

# 以心伝心な親子

赤ちゃんにはどう話しかけたらいいのだろうか？

「いい子、いい子」などと優しく声をかけるのもいいだろうけれど、それでは母親のマネッコになる。父親には、父親にふさわしいアプローチがあるはずだ。でも、父親初心者で不勉強の僕にはそれがわからなかったので、しばらく、ただぼんやりと黙っていただけだった。そうしているうちに、どうすべきかが見えてくるだろうと期待しながら。

結局、見えてきた。と言うよりは、息子に教わった。

慣れてくると、その指導法は実に分かりやすいものだ。親の何かの行動を受けて、退屈して、ぐずって泣く。これは「それを止めろ」の意味。目を大きくしてこちらを見て、腹から笑って、場合によっては踊り出す。これは「続けて」の合図だ。単純だが、遊ぶのには当分の間、これで十分。

ある日、夕ごはんの後、彼に哲学者ヒュームの論文を朗読してみた。もしかして、眠くなるんじゃないかと思って。でも、むしろすぐにぐずりだした。ヒューム、不評。そこで、僕が文字で表現できないような擬音を発したら、喜んでもらえた。どうも、破裂音は受けがいい。また、口笛もかなりツボらしい。

親は毎日、何かを子どもに教えなきゃと思っているが、本当は教えられ上手でいるのが重要のようだ。特に、新しい父親と赤ちゃんの場合。『星の王子様』に次のような文がある。「子どもにとっては、まったく何もわかっちゃいない大人たちに、常々物事を教えるのは実にやっかいな仕事だ」。

息子よ、毎日の辛抱と教授、本当にどうもありがとう。

## ケータイメール、妻より

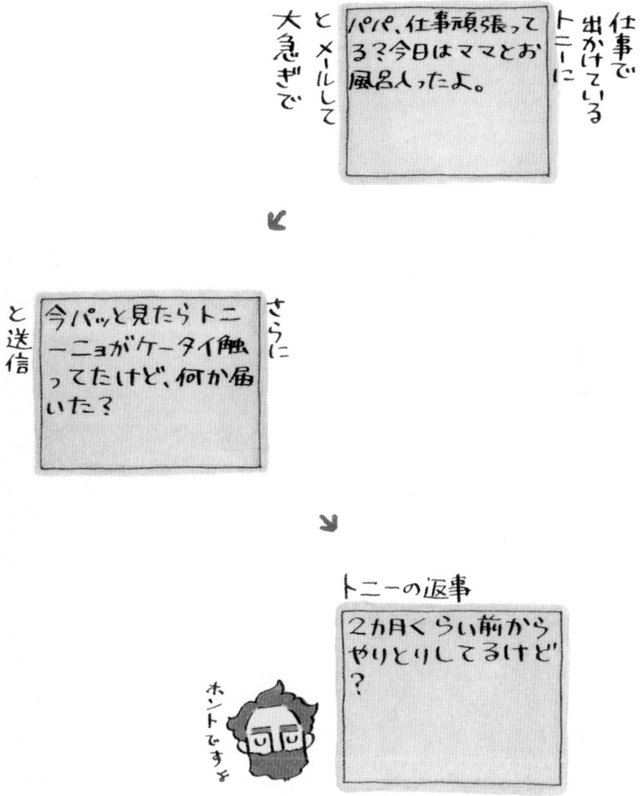
仕事で出かけているトニーに
パパ、仕事頑張ってる？今日はママとお風呂入ったよ。
とメールして大急ぎで
さらに
今パッと見たらトニーニョがケータイ触ってたけど、何か届いた？
と送信
トニーの返事
2カ月くらい前からやりとりしてるけど？
ホントですよ

# もうひとつの戦い

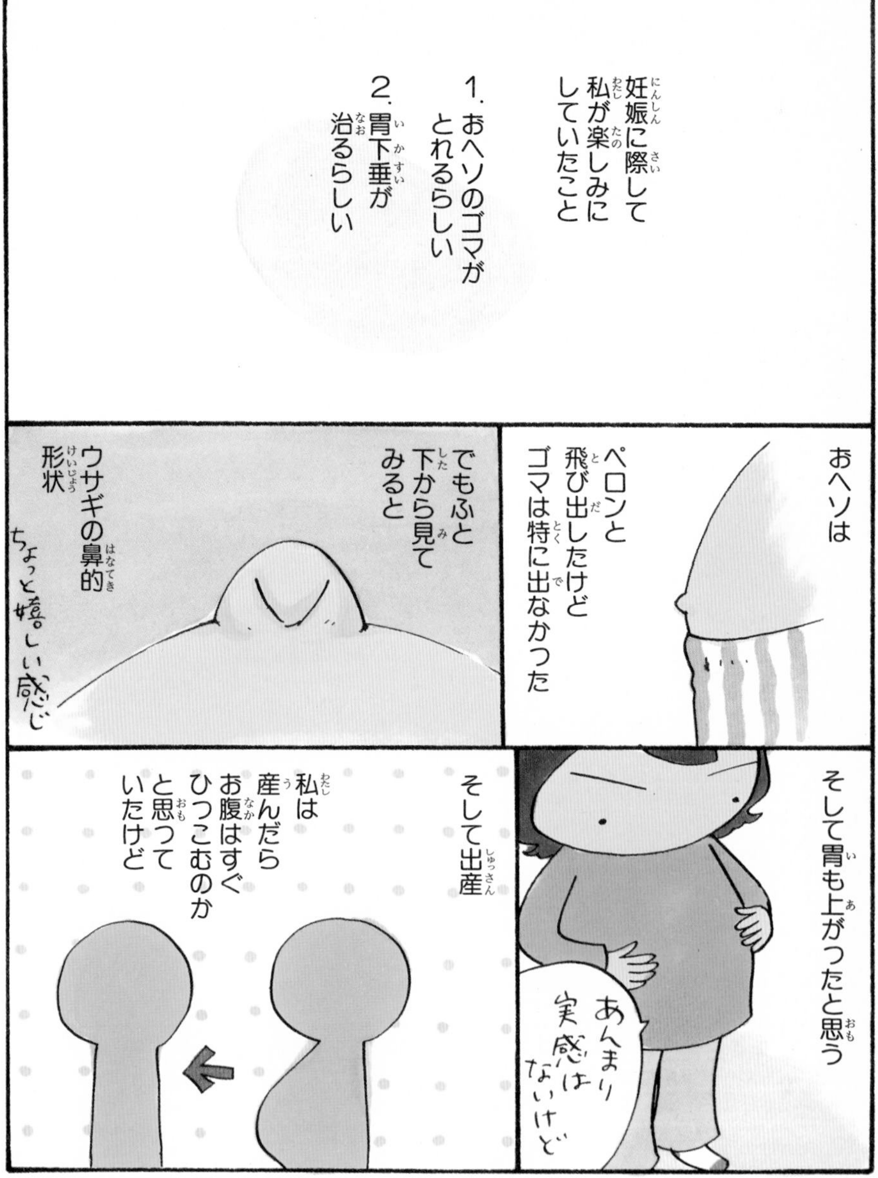
妊娠《にんしん》に際《さい》して私《わたし》が楽《たの》しみにしていたこと
1. おヘソのゴマがとれるらしい
2. 胃下垂《いかすい》が治《なお》るらしい
おヘソは
ペロンと飛《と》び出《だ》したけどゴマは特《とく》に出《で》なかった
でもふと下《した》から見《み》てみると
ウサギの鼻的《はなてき》形状《けいじょう》
ちょっと嬉しい感じ
そして胃《い》も上《あ》がったと思《おも》う
あんまり実感はないけど
そして出産《しゅっさん》
私《わたし》は産《う》んだらお腹《なか》はすぐひっこむのかと思《おも》っていたけど

答えはノーです
正解《せいかい》は「ぶよよーん」となる
たぷん…
大《おお》きく張《は》ったお腹《なか》より このたるんだ状態《じょうたい》の方《ほう》が かなり恐《こわ》い…
ホントに戻るのか
でも
母乳《ぼにゅう》はヤセるからねー
楽《たの》しみだー
史上最高のヤセ期に!!
しかし
お腹《なか》は戻《もど》ってきたけど 体重《たいじゅう》…なかなか 元《もと》に戻《もど》らないぞ…?
だって
甘《あま》い物《もの》 少《すこ》しでも毎日《まいにち》 食《た》べてるじゃん
「あれ?」じゃないよねー
さおりB
カラン
そう… 今 私 きっと人生最大の危機
本当の未来がすぐそこに
いや
ダッ
アレを買《か》いに行《い》こう!!

キッチリピッタピタのジーンズ2本!!
これを毎日《まいにち》履《は》いて足《あし》とお腹《なか》を意識《いしき》しつつ歩《ある》き回《まわ》る!!
キツすぎないピー…ッタリのもの
…という「せめてこれ以上《いじょう》太《ふと》らない」ことを目指《めざ》すちょっぴり控《ひか》えめな作戦《さくせん》である
せ…性格がでるのかしらねぇ…
それでも1年《ねん》くらいかかって体重《たいじゅう》は戻《もど》ってきた…
だがしかし!!
しっかり妊娠線はできました
もうグラビアはできないわ…
フッ
ざ…残念だね
胃下垂《いかすい》…
さらに下がった↓
アバラは浮き出ている
ひどくなってる!!
食べると妊娠4カ月!!
妊娠《にんしん》・出産《しゅっさん》でお腹《なか》の筋肉《きんにく》がゆるんで骨盤《こつばん》も開《ひら》いたせい…?
胃下垂って治らないって言うじゃん…
でもとりあえず腹筋《ふっきん》を鍛《きた》えてみようと兄《あに》のマッチョに相談《そうだん》
兄マッチョ
効くの教えてください
下腹《したばら》に効《き》くのはコレや!!
筋肉は裏切らない
Tシャツパッツンパツン

## 腹筋《ふっきん》を鍛《きた》えるトレーニング「レッグ・レイズ」

1．床《ゆか》に座《すわ》って
斜《なな》め後《うし》ろに手《て》をつき
足《あし》を曲《ま》げる

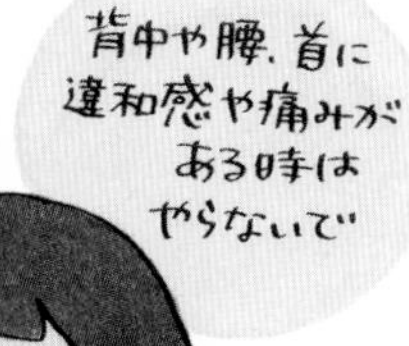
背中や腰、首に
違和感や痛みが
ある時は
やらないで

腰を痛めないよう
ヒザは必ず曲げて
足はそろえる
足先は
自然な角度で
頭も背中も
まっすぐに
（反らせない）

↑この姿勢が
ムリな場合は
ヒジをつけても

2．息《いき》を吐《は》きながら足《あし》を上《あ》げ
吸《す》いながら足《あし》を下《さ》げる

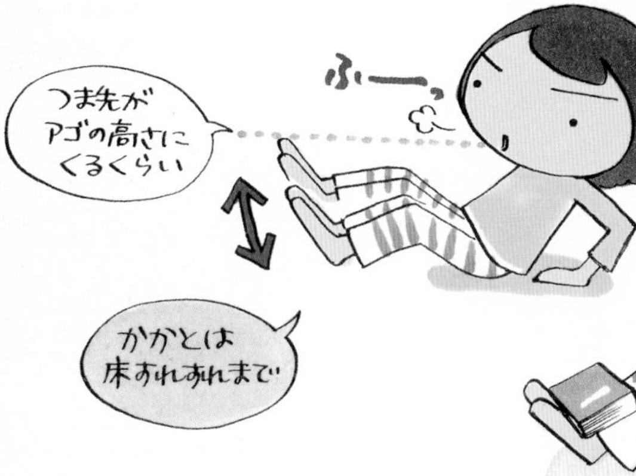
ふー
つま先が
アゴの高さに
くるくらい
かかとは
床すれすれまで

慣れてきたら
本やペットボトルなどで
負荷をかけるとよい

…で 何回《なんかい》 やれば いいの?
何回《なんかい》って…
己を見つめろ
限界《げんかい》まで
ええーっ
どの世界でも オタクは無茶言う!!
…と言《い》いたいとこやけど 最初《さいしょ》は大変《たいへん》やから 10回《かい》を3セットくらいやな
セットの間隔は2~3分がベスト
20回、30回…と 少しずつ回数を増やす
限界までやってこそ 筋肉は大きくなる!
筋肉痛になったら それがおさまるまでやらない
でも体脂肪《たいしぼう》が 多《おお》いなら 食生活《しょくせいかつ》変《か》えな やせんぞ
あっさり
ごもっともでございます
ふーっ ふーっ
……
ちょっとそこの メタボ予備群《よびぐん》の 人《ひと》ー
一緒にやったら
こう?
プラ プラ〜ン
違《ちが》う ちゃんと説明《せつめい》 聞《き》いてから
こう?
違《ちが》うって 聞《き》いてよ

あっ でも 腰《こし》痛《いた》かったら やっちゃダメなんだって
痛《いた》い
5秒
終了ー
私《わたし》は 意外《いがい》と すぐに慣《な》れ
何《なに》か 負荷《ふか》を…
そうだ 1日《にち》に何回《なんかい》もある 授乳中《じゅにゅうちゅう》にやれば…
ふー
ふー
しかし…
意識《いしき》して 腹式呼吸《ふくしきこきゅう》しても 腹筋使《ふっきんつか》ってる 気《き》がするけど ダメかな…
ザ!
なまけ
意識《いしき》するなら 普段《ふだん》の姿勢《しせい》を よくすることに したら どうかな?
義姉 エアロビクスと ヨガの インストラクター
座《すわ》る時《とき》は
背筋を伸ばして 下腹を軽く締める
仕事してると つい猫背に…
歩《ある》く時《とき》は
ヒザと つま先を まっすぐ前に向け、 モモをあげて歩幅を大きく
立ってる時もお尻や内モモを キュッと締めたり
座《すわ》ってできるトレーニング
座面の端を 両手で持ち
片足ずつ 上げ下げする 慣れたら両足で!
頑張ります…!

パパトニーのつぶやき

## 案ずるよりは産むのが…

出産と子育ては、どうも健康に悪いと考えられている。例えば、スワヒリ語で「自分の身の管理は大して難しくない。子育てこそ、本当の難事だ」ということわざがある。子どもを持つのがどれくらいの難事になるかは、その親と子どもによるのでは？　と思っていたら、具体的な答えを中国語のことわざに見つけることができた。子どもが産まれた人には、そうでない人と比べて「２倍の苦労」が待っているというのだ。しかも、ことわざや言い伝えから離れて、科学的に見ても気になる話がある。例えば、「男の子を産む女性の寿命は縮まる傾向にある」と示唆するとある研究結果のことだ。

約300年前にフィンランドの田舎に住んでいた、医療施設へのアクセスが非常に限られている女性たちを調査したところ、彼女らの命が息子１人につき８ヵ月半くらい短くなったことが判明した。妊娠中、男の子は母親の体に、より負担になりがちということも関係しているようだが、子育ての面で手がかかることも原因のひとつと発表されている。

これだけのことを聞いて、「子どもを持つのは止めよう」と言う女性もいるかもしれないが、そう思うのはまだ早い。まず、本当に寿命が縮むかという問題だが、別の地域では男の子を産んだ方が長生きする、という正反対の結果も出ている。

また、常識的に考えても、子どもを育てた方がより健康になるという側面もある。なぜなら、子どもに良い物を食べさせたり運動させようとするなら、親もヘルシーな生活を送る必要があるからだ。そう考えているうちに、嫌でも長生きできそうな気がするではないか。

育児と長寿に乾杯！

## 教えて！ Dr. その4

**Q**

**妊娠すると、胃下垂はよくなりますか？**

**A**

**残念ながら、あまり変わりません。**

回答：産婦人科医　浦野晴美先生（育良クリニック 院長）

妊娠と消化器の関係で最も一般的なのが、便秘と痔です。これらは妊娠前からあるわけですが、妊娠することによってだんだんと症状が重くなり、出産によって軽くなることが多いです。

一方、妊娠前から胃下垂を持っていた人は、つわりの時期は悪化しますが、妊娠週数が進むにつれて、子宮が大きくなり、それに押し上げられる格好となりますので、多くの方は胃下垂が治ったと感じるようになります。

そしてお産がすむと、子宮は急速にもとの大きさになろうとしますので、胃も下がってきてしまい、かえってひどくなったように感じます。

胃が下がっている状態自体は異常とは言えないのですが、それによってどうしても消化不良をおこしたり、常に満腹感や、むかむか感があるというようになります。

腹筋を鍛えることによって、腹圧を高め、内臓全体を押し上げることは有効かもしれませんが、相当な努力を要します。それよりも、1回の食事の量を少なくして、その分、食事の回数を増やし、分けて摂ることが効果的と思えます。

# ケンカ

もうずっと ケンカなんて
してなかつた 私《わたし》たち
子《こ》どもが 生《う》まれてからは
け〜ん〜 あ〜く〜
になることも
最初《さいしょ》の 頃《ころ》は
ゆーら ゆーら
もう少《すこ》しなんだけど なかなか 寝《ね》つかないなぁ…
もう2時間近く
でも もう5時半《じはん》
小声
トニー ちょっとかわって ご飯《はん》の仕度《したく》 するから
もう寝そうだよ
OK
おー トニーニョー
はい!?

起《お》きるでしょーが!!
小声
私がどれだけ苦労してそこまで熟成させたか!!
最初《さいしょ》の頃《ころ》はこうした「トニーわかってない感《かん》」が理由《りゆう》だったのですが
「もてあまし感」とか
もっとは・な・し・か・け・る!
面倒みて!!
だんだんと
寝《ね》たよー
どうやって!?
コレ
ぼよよん
ぼよよん
トニーも勉強《べんきょう》しだした
このボールが久々に使われた瞬間
テレビは本当《ほんとう》によくないみたいだね
3才《さい》まで見《み》せないでおこう
3才《さい》!? 長《なが》くない? 2才《さい》でいいんじゃないの?
あと砂糖《さとう》もよくないよね

それはそうだけど
白砂糖と「キレやすさ」との研究もあるし
外出《がいしゅつ》した時《とき》とか多少《たしょう》はいいんじゃないの？
いやーできるだけ避《さ》けた方《ほう》がいいよ
でもよそでもらったりするだろうし…
糖分《とうぶん》が即《そく》「悪《あく》」ってことでもないでしょ
でもないけど料理《りょうり》や果物《くだもの》で十分《じゅうぶん》摂《と》ってるからね
でも大人《おとな》は好《す》きで食《た》べてるのになんかかわいそうだよ
でも！一度《いちど》食《た》べたら戻《もど》れないわけだから
あのー
あんまり調《しら》べたことに縛《しば》られない方《ほう》がいいんじゃない？
どんな親《おや》だって調《しら》べた方《ほう》がいいと思《おも》うよ
初《はじ》めてのことなんだから調《しら》べて考《かんが》えて試《ため》してできるだけのことはしなきゃ
トニーはひと言で言って
理想が高い
そして
毎日《まいにち》外《そと》に出《だ》そう
連れてくよ
今《いま》カゼ治《なお》ったばっかりだし今日《きょう》はすごく寒《さむ》いからムリして出《で》なくていいじゃん
えー

一日中《いちにちじゅう》家《いえ》の中《なか》にいるなんてよくないよ
別《べつ》に一日二日《いちにちふつか》家《いえ》にいてすぐ病気《びょうき》になるわけじゃないでしょ
外《そと》に出《だ》す方《ほう》がリスク高《たか》いって
「寒《さむ》い」からカゼひくんじゃないよ
ウイルスもらわないように気をつければいいし
寒《さむ》くてぶり返《かえ》すかも知《し》れないでしょ!?
「ハイハイ」の時《とき》もそうだけど過保護《かほご》すぎるのもどうかと思《おも》うな
「ハイハイ」の時
床や土の上でハダシはイヤッ
小《ちい》さかったら土《つち》の何《なに》かにも反応《はんのう》するかも知《し》れないじゃん
時期《じき》にもよるよ
もっと大きくなればいいけど
小《ちい》さくても大丈夫《だいじょうぶ》だよ世界中《せかいじゅう》でやってる!
健康《けんこう》を考《かんが》えれば毎日外《まいにちそと》に出《で》て体《からだ》を鍛《きた》えた方《ほう》がいいに決《き》まってる
だから健康《けんこう》損《そこ》なってる時《とき》は別《べつ》!!
感覚《かんかく》の違《ちが》いはなかなか歩《あゆ》みよれない
うちは特に「健康」と「衛生」

118ページ参照

あー
…あのー
思《おも》うんだけど…
結局《けっきょく》どっちが正《ただ》しいか間違《まちが》ってるかより
両親《りょうしん》がモメてるってことが一番《いちばん》よくないと思《おも》う
そうだね…
あぼー
ガンコに「絶対《ぜったい》こうしなきゃ！」っていうより話《はな》し合《あ》って少《すこ》しは妥協《だきょう》していこうよ
そしてもうひとつ
トニーニョカゼひいてるから今日《きょう》はお風呂《ふろ》やめといた方《ほう》がいいかなぁ？
まあお互《たが》い疲《つか》れてるっていうこともあるね しっかり休《やす》もう
うん
完全《かんぜん》にケンカがなくなつたわけではないですが…できるだけ休《やす》んだり気分転換《きぶんてんかん》しています
うん やめときゃー

そうだよねー
大丈夫《だいじょうぶ》だよ 入《い》れよう
えーでも 湯冷《ゆざ》めすると よくないじゃん
それは昔《むかし》 家《いえ》が木造《もくぞう》だったから じゃないの？ うちは密閉《みっぺい》されてて 暖《あたた》かいから大丈夫《だいじょうぶ》だよ
そうは 言《い》っても 心配《しんぱい》だよ 熱《ねつ》でも 出《で》たら…
お風呂《ふろ》に入《い》れて 悪化《あっか》することは ないですよ
ピ リ ピ リ ピ
まあ…そうだね 私《わたし》も入《い》れない方《ほう》が いいと思《おも》うなー
やっぱり
うん うん そう
感覚《かんかく》が近《ちか》いから といって自分《じぶん》の親《おや》に 同調《どうちょう》しすぎていると
積《つ》み重《かさ》なって
ボクの 居場所《いばしょ》 ないんだ けど…
まぁ…そうだね いくら仲良《なかよ》くても 義理《ぎり》の親《おや》には 意見《いけん》しづらいし…
お母《かあ》さん 子《こ》どものことは最終的《さいしゅうてき》に 私《わたし》とトニーで 決《き》めることにさせてね
うん うん わかったよ そりゃ 両親 だもんね
モメるのも 子《こ》どものことを 思《おも》うからこそ… みんな強《つよ》い味方《みかた》 なんだと思《おも》います

パパトニーのつぶやき

## 喧嘩なんかしていない

ちょっと前まで「オシドリ夫婦」と言われていた２人も、いつの間にか、かなり激しく言い合うようになってきた。どういうことか。まあ、この「変化」は嫌なものであっても、驚くものでもなく、恐れるものでもないだろう。喧嘩とは夫婦には必要なもの。あるいは、それが言い過ぎならば、少なくとも「必然のもの」と言っていいだろう。さらに言えば、いっさいもめない「オシドリ夫婦」はきっといないだろう。もめないオシドリだって、見たことない（毛づくろいをしているように見えるのは、本当は互いに背後からつっついているだけなのだろう）。

さて、結婚に喧嘩が付き物ならば、かつての僕たちはなぜ喧嘩していなかったのか。あれは「期間限定オシドリ」だった。喧嘩していなかったのは、人生のストレスに対して（まだ）耐えられていたからではないだろうか。そして、子どもができたことがきっかけで、それぞれが調和するだけの余裕がなくなってしまったわけだ。そう言えば、昔の僕たちがまれに喧嘩していた場所は、決まって旅先だった。旅行中も、普段の生活と違って余裕がなくなるからではないか。子どもを得たことで、僕たちは新しいリズムを生み出し、不愉快を減らし、愉快を多くしたい。

中国西部に暮らすウィグルの人々には、「畑を耕す時に喧嘩する人は収穫が良い」ということわざがある。「どうせ喧嘩するなら、時期は早い方がいい」ということか。
「喧嘩しないよりは、した方がいい」と言うつもりはない。ただ…、喧嘩を我慢してまでオシドリを維持しようというのも、きっと夫婦関係にはよくないと思う。「あるかもしれない」という喧嘩に耐えられるだけの絆を作り上げるのも、大切なことなのだろう。

言い合いが「物の投げ合い」へとエスカレートしないことを祈ると同時に、あらかじめ約束しよう。そうなった場合、豆腐や麺類など、軟らかくて美味しいもの限定にすることを。

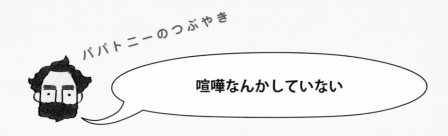

4

# 進化していく息子

どんどん増えていく「動作」と「体重」。
残された赤ちゃん時代も、あとわずか…？

# 何語で話そう？

トニーニョの言葉《ことば》について考《かんが》えなくちゃねー
そうだねえ
よく聞《き》くのはまず1《ひと》つの母語《ぼご》を獲得《かくとく》させてから2《ふた》つめの言葉《ことば》を教《おし》えるってやり方《かた》と…
もう1《ひと》つは「一親一言語《ひとおやひとげんご》」って方法《ほうほう》だね
日本語のみで話す
英語のみで話す
母語《ぼご》を1《ひと》つにするなら日本語《にほんご》にして！じゃないと親子の会話がピンチに!!
がばっ
バサッ
んー…

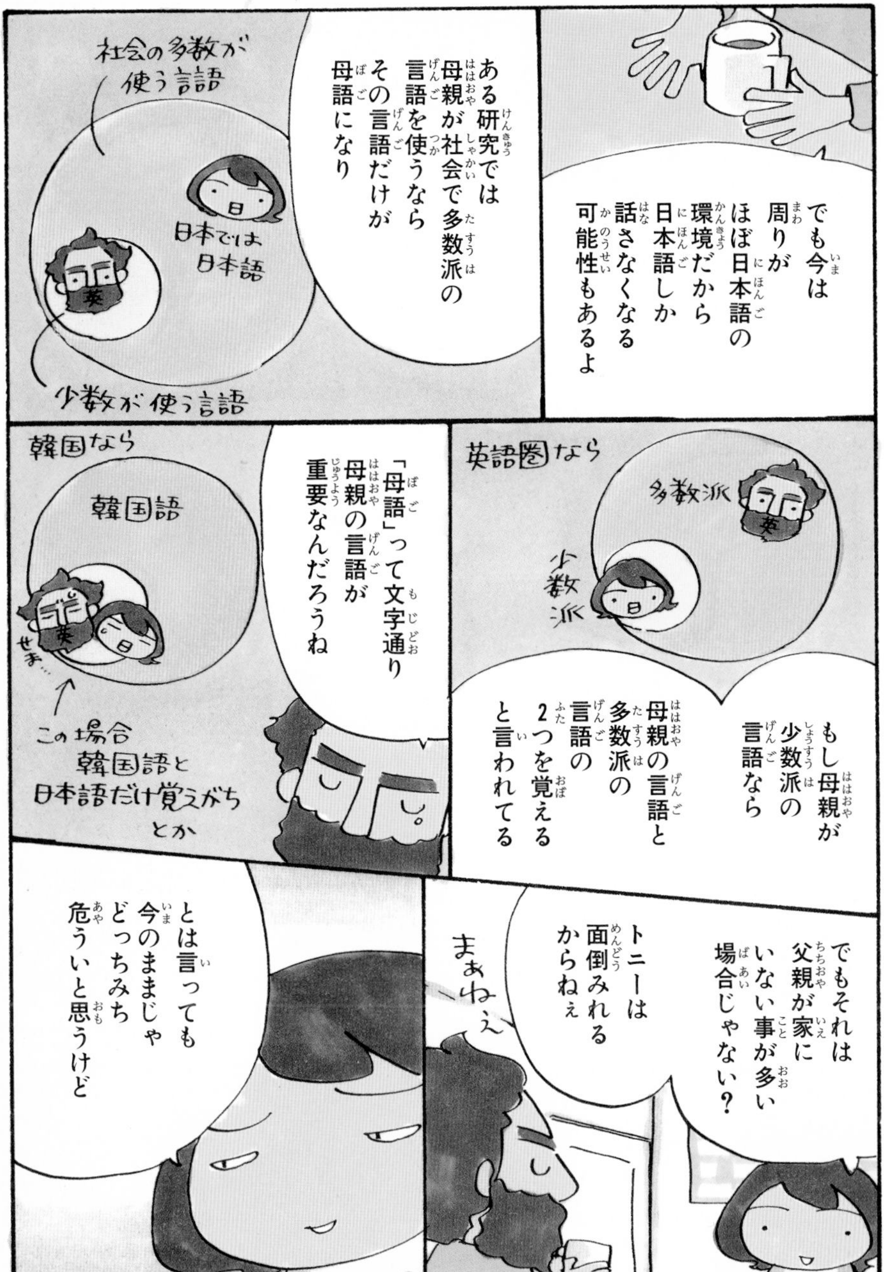
でも今《いま》は周《まわ》りがほぼ日本語《にほんご》の環境《かんきょう》だから日本語《にほんご》しか話《はな》さなくなる可能性《かのうせい》もあるよ
ある研究《けんきゅう》では母親《ははおや》が社会《しゃかい》で多数派《たすうは》の言語《げんご》を使《つか》うならその言語《げんご》だけが母語《ぼご》になり
社会の多数が使う言語
日
日本では日本語
英
少数が使う言語
英語圏なら
多数派
英
少数派
もし母親《ははおや》が少数派《しょうすうは》の言語《げんご》なら母親《ははおや》の言語《げんご》と多数派《たすうは》の言語《げんご》の2《ふた》つを覚《おぼ》えると言《い》われてる
「母語《ぼご》」って文字通《もじどお》り母親《ははおや》の言語《げんご》が重要《じゅうよう》なんだろうね
韓国なら
韓国語
英
せま…
この場合韓国語と日本語だけ覚えがちとか
でもそれは父親《ちちおや》が家《いえ》にいない事《こと》が多《おお》い場合《ばあい》じゃない？
トニーは面倒《めんどう》みれるからねぇ
まぁねぇ
とは言《い》っても今《いま》のままじゃどっちみち危《あや》ういと思《おも》うけど

この頃《ころ》のトニーは
ちょっと見《み》てて
しばらくは何《なに》かしているが…
外だよー
↑日本語
……
……
あー
……

ちょっとー
また考《かんが》えごとしてるでしょ!?
もっとかまわなきゃダメでしょーが!!
…見《み》てるよ
そりゃ本当《ほんとう》に「見《み》てる」だけでしょ!?
1人《ひとり》で遊《あそ》ぶ時間《じかん》も必要《ひつよう》でしょ
あなたの場合《ばあい》多《おお》すぎです
とにかくもっと話《はな》しかけないと英語《えいご》話《はな》せるようにならないと思《おも》うよ
まぁね…
やってみるよ
ということで次《つぎ》の時《とき》からは

お尻が6つに割れてるような
イ〜ン トゥザ バース
おっぱー
フライング トニーニョー
しゅわ わわ わー
ぶわーっ
じゅび じゅび じゅぱーっ
あのーぅ
それですと息子《むすこ》は日本語《にほんご》と英語《えいご》ではなく日本語《にほんご》と擬音語《ぎおんご》話《はな》すようになると思《おも》うんですけど…
…いいと思《おも》うよー
マジすか
しかし少《すこ》しずつ英語《えいご》が増《ふ》え
街《まち》で会《あ》う人《ひと》にもガンガン話《はな》しかけはじめた

前《まえ》にも増《ま》して人《ひと》に声《こえ》かけてるねー
…
英語《えいご》で話《はな》す環境《かんきょう》を作《つく》ってるんだよ
日本語の場合もこの子のためになるし
さおりももっと英語《えいご》勉強《べんきょう》してもっと話《はな》したらどうかな？
おう。
そ…そうですよね…
プリーズピックヒムアップ
オーケィ
それから一緒《いっしょ》にお風呂《ふろ》に入《い》れる時《とき》などは私《わたし》も英語《えいご》を使《つか》ったり…一応《いちおう》努力《どりょく》はしています
でもふだんより無口
まぁ実は私も時々虚無におちいるんですけど…

パパトニーのつぶやき

# 母語…どちらのほう？

僕はいつからこんな欲張りになったんだろう。

息子が、日本語で普通に自己表現できるようになって欲しい。でも、それと同じレベルの英語能力も持ってもらいたい。そしてせっかくだから、もう１つの言語を子どもの頃から身に付けてもらえたら、と思っている。つまり、バイリンガルでなしに「トライリンガル」（３つの言語を話せる人）として育てるということだ。

さて、どうすればいいのか。とりあえず息子との間では、さおりが日本語を、僕が英語を使っている。話しかけたり、本を読んだり。こうしていれば、そのうち、この2つの言葉の土台ができあがってくるはずだ。でも、すでに問題点が見えてきた。僕とさおりの会話は日本語だ。そして、周りの人もほとんど日本語でしゃべっている。実際のところ、息子の耳に入るのは、７：３あるいは８：２くらいの割合で日本語が多い。

これでは英語力が伸びないだけでなく、今作ろうとしている英語の土台すら崩れてしまうだろう。対策として最近、さおりにふだん英語をもっと使ってもらうように、優しくかつしつこく要求している。

さて、3つ目の言語の問題。これは息子が家庭外生活を通して習得すればいい。「家庭外生活」とは、たとえば保育園や学校のこと。つまり日本語でも英語でもない、別の言語が使われる教育環境でものごとを学んでもらう、という戦略だ。具体的に言えば、英語以外のインターナショナル・スクールに通わせるか、どこか海外に引っ越して地元の学校に入れるか、ということになる。

「子どもはモルモットじゃないんだぞ！」。はい、ごもっとも。だから、もし彼が複数の言語に囲まれたせいで哀れな感じになってきたら、２つだけの言葉で育てよう。その方が幸せそうだったら、たった１つだけの言語に切り替えてもいい。でも、比較的楽な方法で複数の言語を息子に「あげる」機会は、今しかない。これを実験と呼ぶべきか、それとも工夫と呼ぶべきか。いずれにせよ、このくらいのことは試みてもいいのではないだろうか。

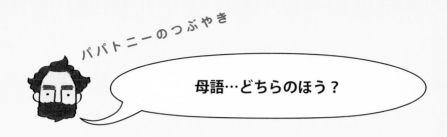

離乳食
ある日《ひ》
口角《こうかく》から泡《あわ》を
飛《と》ばし始《はじ》めた息子《むすこ》
ぶぶーっ
ぶーっ
あー歯《は》が
生《は》えてくるん
やね
ツバ…
その通《とお》り
トニーニョは7カ月《げつ》で
やっと歯《は》の頭《あたま》を確認《かくにん》
離乳食開始《りにゅうしょくかいし》は
その少《すこ》し前《まえ》
果汁ゃお茶は
「いろんな味がある」
ということを
教えるためだそうだが
母乳は毎日味が違うので
必要ないと聞いて
あげていなかった
なんでも
初日《しょにち》は
ほんの1《ひと》さじ
からって
いうのが
まどろっこ
しい…
も…もう少し
どうすか

でも「そば」は本当《ほんとう》に気《き》をつけなきゃダメだよー
姉
命《いのち》に関《かか》わるくらい重《おも》い「そばアレルギー」の場合《ばあい》
お母《かあ》さんが食《た》べたらその母乳《ぼにゅう》でも反応《はんのう》出《で》ることがあるんだって
と聞《き》いたのがおそば食《た》べた後《あと》
この前《まえ》食《た》べたよ!!
大丈夫だったものの
いろんなところに危険《きけん》はあるが
毎回《まいかい》恐《こわ》いのは
つぶしたじゃがいもだよー
またノドつまってる!!

おえ〜〜
恐ー……
ホッ
よくみんな無事《ぶじ》に育《そだ》ってんなー
心配症《しんぱいしょう》なので食事時《しょくじどき》はずっとドキドキです
つーか子供ってみんなじゃがいも好きじゃないのか
アメリカに行《い》った時《とき》使《つか》ったのは
Rice
お米《こめ》のシリアル
ペラペラのフレーク状 水やお乳で適度な固さに溶く
離乳食として一般的だね
アメリカでも最初《さいしょ》の食《た》べ物《もの》がお米《こめ》って面白《おもしろ》いね
ベビーフードも使《つか》ったけど
ほんの3口《くち》くらいしか食《た》べなかったりするのでかなりムダに…
もう少し小さいサイズがあればなー…
1カ月以上《げついじょう》旅《たび》した時《とき》も
あんまり食《た》べないな
でもこんなものなのかな？
バナナやパン、トマトなどを少し食べるとすぐおっぱい

しかし帰国《きこく》して 離乳食《りにゅうしょく》の本《ほん》を 読《よ》み返《かえ》してびっくり
みんなもう いろーんなもの 食《た》べてるんだけど…
に…肉とか
2カ月くらい ズレてる
うーん でもまだ 歯《は》も 少《すく》ないしね…
ちょっと のん気《き》だったが
決《き》めていたこともあった
虫歯菌《むしばきん》を うつさないように スプーンや おハシは 別々《べつべつ》にしようね
子どもと 口と口のチューもしないように
もちのろんだ
でも この 口《くち》の端《はし》についた ものが危《あぶ》ない
特《とく》にこの人《ひと》
ほーれ 口につけてー
だからお母《かあ》さん その手《て》でまた何《なに》か つまんであげたら ダメなんだって
ぱくっ
どうも指《ゆび》でつまむと 自分《じぶん》の口《くち》に 入《い》れたくなるので
私《わたし》はスプーンで 取《と》ったり 口《くち》に入《い》れたり していました
ササッ

しばらくして
自分《じぶん》の手《て》でものが
つかめる頃《ころ》には
いろんなものが
大好《だいす》きになって
いたけど
果物、パン、
ブロッコリー、お豆 などなど
ぐわっ
ぎゅうう
無理《むり》だって
そんなに
きゃー
トンッ
トンッ
クッ
お〜〜え〜〜
恐怖《きょうふ》の
「おえー」は
続《つづ》くのであった

寝《ね》ない時《とき》には
もう少しなのに
寝ない時は
顔の回りに指を
ゆーっくり
おいていってみたり
ハンガリーでは
親戚の おばあちゃんが
すごく優しい「でこパッチン」をしてくれた
そういう あやし方なのだとか
立って抱っこの場合
頭をかすかに
下の方に向けて
揺らしたり
(角度つけすぎず)
そして
水平方向
にも
あと
肩甲骨の間に
落ち着くツボが
あるらしいので
そこを クルクルしたり
↑このおばあちゃんは
これもやってた
上の方

パパトニーのつぶやき

## 食べたいものが食べたい

「乳離れする」に匹敵する単語は英語にない。あるのは「wean（ウィーン）」。これは、「卒乳する」でも「離乳する」でもなく、「離乳させる」という意味だ。赤ちゃんは自発的に乳から離れることができず、親の行動によって離される、という発想が感じとれる。そして最近、この伝統的な考え方に対抗するものとして、「baby-led weaning（ベビー・レッド・ウィーニング、つまり、赤ちゃん主導型離乳）という「ムーブメント」が誕生した。

簡単に言えば、「ベウィー」（と略してみよう）とは、母乳で育てられた月齢６ヵ月の赤ちゃんの前に、いろんな食べ物を置き、それぞれを手に取ってもらい、気に入ったものをしゃぶりながら食べてもらうというものだ。何をどのくらい食べるかは、赤ちゃんに任せるわけだ。親は、果物や野菜、そして肉などを手に取りやすい形で提供するが、決して細かく切ったりすべきでない。そして、加工されているベビーフードを始めとするピューレ状のものをスプーンで食べさせる必要は一切ない、というのだ。

赤ちゃんはこうした方法で、摂るべき栄養が果たして摂れるのだろうか？　自由に食べ物をかじらせても、本当に喉に詰まらせないだろうか？　推進者は「問題ない」と言うが、このようなところがどうしても心配になり、我が家では保護者がスプーンを使って、離乳食をしっかり管理している。しかし、子どもの独立精神を確立するためにも、食べ物を「物」として認識させ、楽しませることも大事だと思っている。なので、食材を切ったり砕いたりする前に、もとの形で息子によく見てもらい、触れてもらうようにしている。でも、口に入れてしゃぶってもらうのはまだまだ先になるかな。

離乳は完全に受け身なプロセスでなくていい、という考え方には賛成だ。様子を見ながら「ベウィー」を意識して、息子の食べ物との積極的な触れ合いを促してみよう。

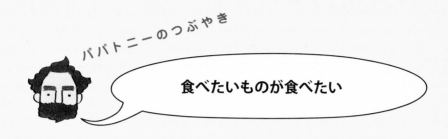

# 妊婦さん、授乳中ママ、幼児が気をつけた方がいい食べ物について

### ❶ひじきは小鉢にほどほどに

日本ではなじみの深いひじき。しかし、このひじきに、発がん性が指摘されている「無機ヒ素」が含まれていることが判明し、イギリス食品規格庁では、摂取の制限を出しました。これに対し日本の厚生労働省では、体重50キロの人なら、1日あたり4.7グラム以上（乾燥時）を連続して食べなければ問題ないのではないか、という見解を出しています。また、30分、水につけておくことで、約50%のヒ素量が減少するとしています。

**● ひじきヒ素に関するQ&A 厚生労働省**

http://www.mhlw.go.jp/topics/2004/07/tp0730-1.html

### ❷マグロ・メカジキ・キンメダイもご注意を

たんぱく質を多く含む魚介類に関しても注意が必要。食物連鎖の上位にいる大きな魚は、水銀が多く蓄積されているため、控えめにした方がよさそうです。

**● 平成15年6月3日に公表した「水銀を含有する魚介類等の摂食に関する注意事項」について（Q&A）**

http://www.mhlw.go.jp/topics/2003/06/tp0613-1.html#toi1

### ❸ポテトチップス、かりんとう、フライドポテトがワースト3

発がん性が指摘されている「アクリルアミド」について、日本国内の商品に、どれほど含まれているかという調査が国立医薬品食品衛生研究所にて行われました。その結果は以下のとおりでした。

1）ポテトチップス 3544～467

2）かりんとう 1895～84

3）フライドポテト 784～512

子どもには、炭水化物の多い食材を長時間揚げるなどした食べ物は、ひんぱんには与えない方がよさそうです。

**● ポテトチップスが危ない？　アクリルアミド検出量**

http://allabout.co.jp/health/healthfood/closeup/CU20020708/index2.htm

**● 国立医薬品食品衛生研究所のホームページ**

http://www.nihs.go.jp/index-j.html

神経質に
なり過ぎるのも疲れるし
なんでも一度に
食べ過ぎないで
バランスよく…が
いいのかも

## 教えて！ Dr. その5

**Q**

**離乳食が思ったように進まないのですが…**

**A**

**赤ちゃんの個性を見て、それぞれの進め方でかまいません。**

回答：小児科医　山田 真先生（八王子中央診療所）

離乳食を、いつ頃、どんな順序で進めたらよいか？　といったことについてはいろいろな考え方がありますが、定説はありません。流行はあって、以前、「離乳食は、なるべく早く始めるといい」と言われたこともありましたが、今は、急ぐことはなく、5ヵ月ごろから始めればいいだろう、ということになってます。でも、赤ちゃんが嫌がるなら、1～3ヵ月遅れてもかまいません。

つぶしがゆやパンがゆ、次いで野菜、豆腐、魚、鶏肉、豚肉、というふうに進めていくのが普通ですが、特に順序にこだわる必要はなく、大人が食べているもののうち、赤ちゃんが食べられそうなものを、食べやすくつぶして与えるという「ありあわせ離乳」でもかまいません。偏食に見える場合、赤ちゃんは「からだにあわないもの」を自然に避けているのかもしれませんから、無理に与えないことです。特定のものばかり食べたがる場合も、ほっといてかまいません。おっぱいで、ほとんどの栄養素は摂れているのですから。離乳の進み方についても、赤ちゃんには個性があって、その個性に従って、それぞれの進め方でいいのです。

# 自由

アメリカに行ったら空港では
ハダシでバスタオルをひきずる女の子がいたり
推定3歳
プールサイドで男の子がクッキーを落とし
2歳半
地面乾いてはいるが
30秒以上経過
そのクッキーを食べた彼を
あたたかく見守る両親
いははは
自由だなー
しかしどこでも授乳していたらとっても驚かれた
授乳スカーフで恐いものなし
私が一番自由…？
まぁ!!
アメリカではあまり人前ではしないようです

# ハイハイ議論

さあて
そろそろ
ハイハイの季節《きせつ》
8カ月
と思《おも》うが
なかなか…
じーー
ベッドで
こっちに来る気はマンマンのようだが
おっ
笑顔《えがお》で
遠《とお》ざかってゆく
息子《むすこ》…
はぁ
ははっ
ひぁっ
後ろ向きの方が進みやすいんだね
しかし
ホンマに
動《うご》かない
ねぇ

このテーブルどかしてみようか
そのせいかどうか
何日《なんにち》かして前進《ぜんしん》しはじめました
ひゃ
はぁ
はっ
ほう
息荒めで軽く奇声き
しかしこの後《あと》 海外《かいがい》へ
床《ゆか》…汚《きたな》いよねー
…
大丈夫《だいじょうぶ》でしょ
いろんな国でハイハイさせてるよ
でもー手《て》ついてその手《て》なめるじゃん
クツの裏《うら》は相当《そうとう》汚《きたな》いよ
犬のウンチふむしー
その前《まえ》に手《て》を洗《あら》えばいいじゃない
えー絶対《ぜったい》忘《わす》れると思《おも》うけど!!
でもかわいそうだよ
床《ゆか》がダメならベッドの上《うえ》しかないでしょ?
まぁねぇ…

結局《けっきょく》
ツルツルな場所《ばしょ》で
床《ゆか》デビュー
あー
わっ
ツルツルだし
おちつけ自分
そして
広場《ひろば》を通《とお》りかかった時《とき》
あれ見《み》てよ!
ハダシで
芝生《しばふ》!!
すごく
いいじゃない
今は時間ないけど
まぁ…ねぇ
でもガラスとか
危《あぶ》ないこと
ないのかな
それは
気《き》をつけなきゃ
いけないけど
トニーニョ
ハダシで
土《つち》を踏《ふ》んで
ないんだよ?
もう少しいろいろ
経験させようよ
もう少《すこ》し月齢《げつれい》
大《おお》きくなってから
じゃダメなの?
私《わたし》だって
そんな小《ちい》さい頃《ころ》
土踏《つちふ》んでたとは
思《おも》えないけど…
普通《ふつう》の大人《おとな》に
なってるじゃ
ない?
そうなん
だけど…
でも「いい」と
思《おも》われることを
させてあげたい
じゃない?

部屋《へや》の中《なか》だけじゃ狭《せま》いし
それにハイハイをたくさんした子《こ》の方《ほう》が成長《せいちょう》してから反射神経《はんしゃしんけい》がいいって結果《けっか》もあるらしいよ
ホントにー？
その後《ご》 歩《ある》き出《だ》すまで何《なん》カ月《げつ》か時《とき》には外《そと》でハイハイさせたけど
階段も いいらしい
いや足《た》りなかったよ階段《かいだん》ももっと遊《あそ》ばせればよかった
いやー床触《ゆかさわ》った後《あと》洗《あら》ってない指《ゆび》もなめまくったよ
でもトニーニョ普通《ふつう》にハイハイしてたからいいんじゃない？
たくさんするかどうかはその子《こ》によるのでは？
最近はハイハイしない子増えてきたらしいけど
ま、終わったことだし前向きに!!
…と余裕《よゆう》をかましていたが
小栗《おぐり》さん情報《じょうほう》が!!
担当の松田さん 私のちょっと後に男児出産
ハイハイに匹敵《ひってき》するくらいいいっていう刺激《しげき》があるんですよ
それは
足《あし》の裏《うら》をもむことです！
メールで

ぬおおおおお
スローモーションで
ほーら～
ほらほら
もーみもーみ
イヤがられたり
喜《よろこ》ばれたりしながら
もみまくっています
↑日による
いつのまにか正座するようになったので
すかさず
たまにはしてよう
ムリヤリヒザ枕してもらう
イヤ
ぐいーっ
なにさけちーっ

## 教えて！ Dr. その6

**Q**

**ハイハイは、十分させておかないと、その後の発達に支障がありますか？**

**A**

**心配はいりません。その後に影響はありません。**

回答：小児科医　山田 真先生（八王子中央診療所）

赤ちゃんのハイハイはとても大きな個人差があります。多くの赤ちゃんは生後9ヵ月頃にハイハイをするようになるのですが、ハイハイをする時期がとても短い赤ちゃんもいれば、まったくハイハイをしない赤ちゃんもいます。ハイハイを十分にさせておかないと、将来の発達に影響があるなどと言う人がいるので、這《は》わない赤ちゃんのお母さんやお父さんはとても心配したりしますが、ハイハイをしなかった赤ちゃんでも、まったく普通に育っていきますから心配はいりません。

ハイハイをしない赤ちゃんは、どうやって移動するかといいますと、座ったまま、お尻を少しずつずらして前進します。こういう子どもは、腹ばいにさせられることも嫌がります。お尻でずって移動する赤ちゃんは、「シャフラー」と呼ばれますが、シャフラーの赤ちゃんの中には一人立ちや、一人歩きがかなり遅れる赤ちゃんもいます。でも1歳半から2歳の間には歩くようになり、その後の発達はまったく普通ですから、心配しないで下さいね。

パパトニーのつぶやき

# 這《は》おう？

「ハイハイできなくても、その後の発達に悪い影響はないから」と医者が言う。それはそうかもしれない。そして子どもがハイハイをするかどうかや、いつするかは、個性によるだろう。

「だから心配はいらない」。いや、これは話が違う。パニクるのはよくないが、我が子のことだからもう少し「心」を「配」りたい。

まず、僕自身、久しぶりにハイハイしてみた。

これは、新鮮でなかなかいい感じ。大人がこの姿勢になるのは、お寺の廊下を掃除する時とヨーガくらいかな。首、腕、脇腹など、いろんな筋肉を使う。前進と後進して、360度回る。寝返りして、仰向けになった状態から、両足を捕まえて休憩。

ハイハイが上手な子を観察するのも楽しい。タッチとアンヨができた後でも、うつ伏せに戻って素早い動きで駆け回る。よぼよぼの歩きを止めて、優雅に泳ぎ始めたペンギンのようだ。人間にとって「自然と一体になる」ということは、地面と一体になることなのかもしれない。

ハイハイできなくても発達に支障はない。とは言え、できたに越したことはないに決まっている。「ここは汚くて危ないのだから」と言って、ハイハイの機会を制限していることが多すぎないだろうか。強引にならない程度に、もう少しチャンスを作れないだろうか。いろいろな工夫の結果、うちの子のハイハイは「全然」くらいのところから「少々」にまで増えた。それが彼のプラスになったかどうかはわからない。でも、損にはなっていないはず。

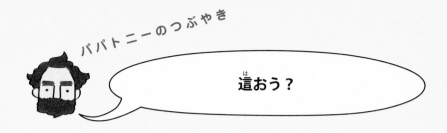

## ケイタイメール、夫より

トニーがトニーニョ連れで出かけた先からメールがきた

今トニーニョが突然すごく大きくなって噛みつかれた！隣にいた犬も噛んで暴れている

返事を書く

そう、私たち親子の真の目的は世界征服。いけ！トニーニョそのまま北へ向かえ！

トニーからは

すごい速さで走り、見失った。いろんな物を落としていってるので後をつけてく

この後トニーニョは地下道に入りこみ、いろいろハカイしながら私と落ち合うのだった…

# 似てる？　似てない？

トニーニョ生《う》まれた時《とき》から日本《にほん》では
まー パパにそっくりねー
と言《い》われてますが
そお？
トニーの家族《かぞく》には
どっちにも似《に》てないわね
似《に》てないわー
よくミックスされてるってことかしらね
トニー母
トニー弟妻
そ…そお？
あー
考《かんが》えてみれば私《わたし》と兄《あに》は顔《かお》が似《に》ているけど父《ちち》や母《はは》にはそう似《に》ていない
年とともに少し似てきたけど
マンガでは違う顔
私《わたし》の見解《けんかい》としては
ところどころどっちにも似《に》ています
左手人さし指のそりぐあいはトニーそっくり
トニー
さおり
不明

不思議《ふしぎ》なのは
私《わたし》たち2人《ふたり》とも
こういう足《あし》
なのに
トニーニョは
まっすぐ
小指長い
でも遺伝《いでん》は
両親《りょうしん》からだけじゃ
ないからねぇ
まあね
おじいちゃん
おばあちゃんか
ひょっとして
ひいおじいちゃん
かな?
しかし考《かんが》えてみれば
この子《こ》にとって
曾祖父母《そうそふぼ》って
8人《にん》もいるね
祖父母《そふぼ》と父母《ふぼ》足《た》して
14人《にん》もの血《ち》が
この子《こ》に…
どんな特徴が出てきても
おかしくないかも
かー
両親《りょうしん》(2人)にまた両親《りょうしん》(2人)って
かけていくと(2×2×2…)
10代前《だいまえ》は1024人《にん》にもなるよ
総数は2048人
すごい
その中《なか》の1人《ひとり》でも
メンバーが
ちがってたら
私《わたし》は私《わたし》じゃ
なかったのかな!?
どうなの
どうなの
まぁ
そうかもね
ん?
そんな
大量《たいりょう》の人《ひと》…
どんな人《ひと》たち
なんだろうなー
そう考《かんが》えると
この寝姿《ねすがた》…
8代前《だいまえ》
江戸時代《えどじだい》の
お千代《ちよ》さん
(推定《すいてい》)からの
遺伝《いでん》とか?

パパトニーのつぶやき

# 早くも親孝行

両親のどちらにも似ないでくれたことで、うちの子は生まれながらに親孝行だ。いや、嫌味で言っているわけではない。どちらにも似てないことを、残念！　と思う人もいるかもしれないが、考えてみればこれでちょうどいい。「両親に均等に似る」というのが期待しすぎ。結局はどちらか片方に傾く。すると似てくれなかったほうが、わずかながらでも、いずれ必ず心細くなる。すぐではなく、「ママ（またはパパ）そっくり！」という周囲の報告を一千回受けた辺りだろうか。

でも僕とさおりにはその日はこない。息子よ、よくやった！

こうなるのは、子どもにとっても運のいい話だ。自分の顔が親にそっくりな子は反抗期や親子喧嘩の時が辛いだろう。腹が立って、両親と口をきかないようにしてやる！　と決めたのに、鏡を見る度に似てしまった方の親と目を合わせざるを得ない…。可哀想と言うか、都合が悪いと言うか。

もちろん、ここで似ている、似ていないと言っているのは顔立ちのことだ。

今のところ、どちらにも似ていない我が子には、両親に似るチャンスはこれからいくらでもある。さおりのこの仕草や僕のあの動作が彼にも移るかもしれない。でも、受け継いでほしいところと、そうでないところがある。後者は少なくしていく努力をするけれど、自分の癖である以上、どうしてもある程度は息子の目につくだろう。さらなる親孝行でもって、そこのところを真似しないでね。

息子よ、よろしく！

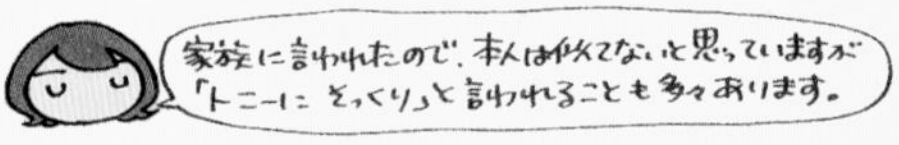
家族に言われたので、本人は似てないと思っていますが
「トニーに そっくり」と言われることも多々あります。

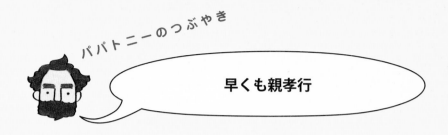

# 子連れで海外編

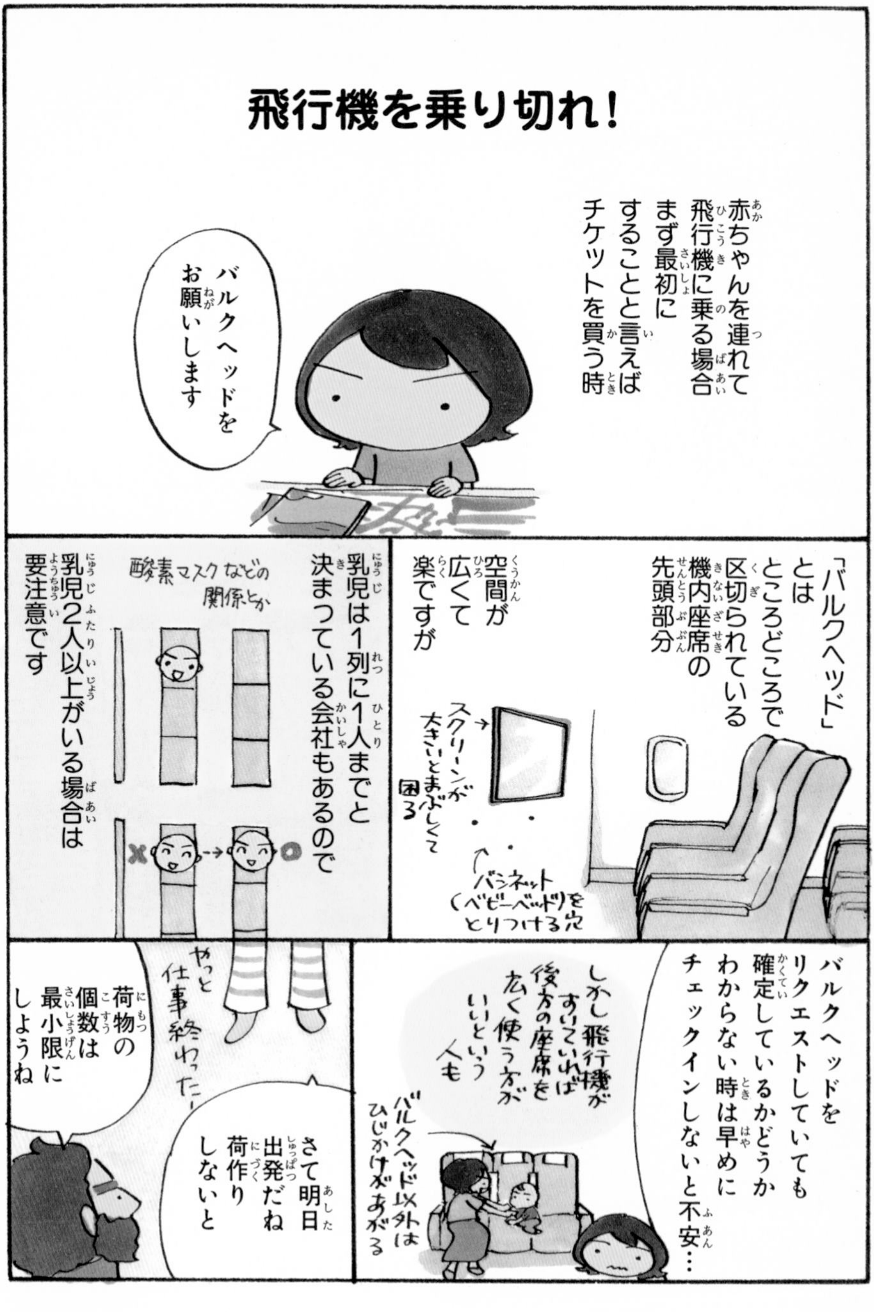
飛行機を乗り切れ！
赤《あか》ちゃんを連《つ》れて飛行機《ひこうき》に乗《の》る場合《ばあい》まず最初《さいしょ》にすることと言《い》えばチケットを買《か》う時《とき》
バルクヘッドをお願《ねが》いします
「バルクヘッド」とはところどころで区切《くぎ》られている機内座席《きないざせき》の先頭部分《せんとうぶぶん》
空間《くうかん》が広《ひろ》くて楽《らく》ですが
スクリーンが大きいとまぶしくて困る
バシネット（ベビーベッド）をとりつける穴
乳児《にゅうじ》は1列《れつ》に1人《ひとり》までと決《き》まっている会社《かいしゃ》もあるので
酸素マスクなどの関係とか
乳児《にゅうじ》2人《ふたり》以上《いじょう》がいる場合《ばあい》は要注意《ようちゅうい》です
バルクヘッドをリクエストしていても確定《かくてい》しているかどうかわからない時《とき》は早《はや》めにチェックインしないと不安《ふあん》…
しかし飛行機がすいていれば後方の座席を広く使う方がいいという人も
バルクヘッド以外はひじかけがあがる
やっと仕事終わった～
さて明日《あした》出発《しゅっぱつ》だね荷作《にづく》りしないと
荷物《にもつ》の個数《こすう》は最小限《さいしょうげん》にしようね

子《こ》どもに注意《ちゅうい》が
いっちゃうから
数《かず》が多《おお》いと
忘《わす》れ物《もの》しやすいし
スリも
狙《ねら》ってくるよ
「安全」に敏感な男
私《わたし》たちはトニーニョが生《う》まれてから
スーツケースを買《か》いました
少《すこ》し大《おお》きく
なってからは
スーツケースに
乗《の》っかって移動《いどう》
必ず体の
どこかを
持っている
私《わたし》が子《こ》どものために
持《も》っていくのは
「薬」はもちろん
●お尻《しり》ふき
現地《げんち》では
香《かお》りがきつかったり
泡立《あわだ》つくらい強《つよ》いもの
しか買《か》えないことが
あります
オモチャを口《くち》にする
月齢《げつれい》の場合《ばあい》
海外《かいがい》のように
室内《しつない》でもクツ生活《せいかつ》では
落《お》としたら
ふかないといけないし
お手《て》ふきがわりにも
使《つか》うし
●密閉容器《みっぺいようき》と密閉袋《みっぺいぶくろ》
かさばらない
四角型を
2〜3個
その日食べる分の
お菓子や
濡れた
ものを
入れる
行《い》きは
到着《とうちゃく》までに
食《た》べる物《もの》を
つめていき
現地《げんち》では
食事時《しょくじどき》に
子《こ》どもが
寝《ね》ていたら
取《と》りわけて
後《あと》で食《た》べさせる
●スプーンやフォーク
和菓子《わがし》に
よく使《つか》う
木《き》の小《ちい》さな
ナイフや
予備《よび》として
小《ちい》さい
プラスチックの
フォークや
お箸《はし》も

●オモチャ
ゼンマイ仕掛け
トニーニョ大好き
オモチャのメジャー
ミニ絵本
小《ちい》さい物《もの》を数多《かずおお》く
新《あたら》しい物《もの》でなくても数日前《すうじつまえ》から隠《かく》しておくと新鮮《しんせん》に感《かん》じるかも
最初《さいしょ》は1コずつ出《だ》して遊《あそ》ばせてその後《あと》はオモチャをまとめた袋《ふくろ》ごと渡《わた》すと
「のぞいて」「見《み》つけて」「取《と》り出《だ》す」ことで多少《たしょう》は時間《じかん》が持《も》つ気《き》がします
私《わたし》の場合《ばあい》服《ふく》は丸《まる》めて入《い》れますが子《こ》どもの服《ふく》は2枚重《まいかさ》ねて
エリ首などかさばらないよう左右反対にのせて巻き始めもズラす
クツ下《した》はひとつの袋《ふくろ》に入《い》れるより隙間《すきま》に埋《う》める方《ほう》がかさばらない感《かん》じ
ホテルに着いたら1つの袋にまとめる
しかし子《こ》どもの服《ふく》って入《い》れても入《い》れても不安《ふあん》だなー
特に「夏から秋への1カ月」の「迷」いっぷりったら。
フライト夕方《ゆうがた》だってラッキー!!
長時間かかるなら夕方はベストかも
子連《こづ》れ旅行《りょこう》の最難関《さいなんかん》と言《い》えば…言《い》わずと知《し》れた飛行機内《ひこうきない》!!
すみません本当にすみません
泣かれた日にはもうそれがご飯配ってる時間だったらもう逃げ場なくてもう
あーあー（心の声）

それを防《ふせ》ぐために
「お昼寝《ひるね》ナシ」作戦《さくせん》ですね
飛行機《ひこうき》に乗《の》るまでなるべくお昼寝《ひるね》しないよう遊《あそ》ばせまくる
遊べ〜 そして 疲れろ〜
歩き出すと特に有効
眠《ねむ》かったらかわいそうじゃない
もちろん無理《むり》はしないよ寝《ね》る時《とき》は寝《ね》るし でも新鮮《しんせん》な場所《ばしょ》は眠《ねむ》くなりにくいから空港《くうこう》へはやっぱり早《はや》く行《い》こうよ
トニーニョはもともとお昼寝《ひるね》が短《みじか》い日《ひ》やまったく寝《ね》ない日《ひ》があるせいか成功《せいこう》もしますが
失敗《しっぱい》すると搭乗直前《とうじょうちょくぜん》に寝《ね》ることも…
そんな時は少し早めに起こすとか
搭乗《とうじょう》の時《とき》は
赤《あか》ちゃん連《づ》れはもう乗《の》っていいって
んーでも早《はや》く乗《の》ると座席《ざせき》で飽《あ》きるのも早《はや》いじゃない？
むしろ後にしようよ
乗《の》ったら早速《さっそく》
ガサ…
子《こ》ども用品《ようひん》を出《だ》して…と
食《た》べ物《もの》 オムツ オモチャ 着替《きが》え（機内《きない》が寒《さむ》い時《とき》のため上着《うわぎ》も）など 最低限必要《さいていげんひつよう》な物《もの》をまとめておくと便利《べんり》
そろそろ離陸《りりく》よねーお乳《ちち》飲《の》んだらどうですか
リ
ガサ…
耳《みみ》が痛《いた》くて泣《な》くことがあるので離着陸《りちゃくりく》の時《とき》に何《なに》か飲《の》ませるかくわえさせると防《ふせ》ぎやすいようです

到着《とうちゃく》までの時間《じかん》は…
「頑張る」
寝かしつける時親のあせりは伝わりそうなので
「平常心、平常心」と己に言い聞かせつつ動作は意識してゆっくりと
子《こ》どもが騒《さわ》いだ時《とき》ボクはお菓子《かし》で黙《だま》らせない方《ほう》がいいと思《おも》うよ
しかしなぜかトニーが抱《だ》っこして機内《きない》を歩《ある》くと寝《ね》るのが早《はや》い
また理想が高いぜ
ああああああ
なんじゃこりゃあ
バシネットつけても拒否《きょひ》されたり
機内食《きないしょく》も交代《こうたい》で食《た》べたり
しばしトイレで遊ぶ…
1分おきに待ってる人がいないかドアの外を確認しつつ
ガチャッ
怪しい人…
やっと到着《とうちゃく》
ボクは時差《じさ》ボケになったことないですからねー
いつも私《わたし》よりずっとひきずってるじゃん!!
時差《じさ》ボケは時差《じさ》5時間《じかん》くらいから発生《はっせい》するらしい
時差《じさ》ボケ対策《たいさく》ってありますか?
んー ないですねぇ
客室乗務員さん
一般的《いっぱんてき》に西回《にしまわ》り(ヨーロッパ方面《ほうめん》)の方《ほう》が東回《ひがしまわ》り(アメリカ方面《ほうめん》)より楽《らく》だとされているようです
太陽の光を浴びると体内時計リセットに役立つとか
私は現地に午後着くのがスキ

現地《げんち》では
買《か》ってもできるだけ隠《かく》しておきます
おっ このオモチャいいかも
帰りの飛行機用
新鮮《しんせん》な場所《ばしょ》ではオモチャなしでも結構《けっこう》遊《あそ》べますが…
そろそろ行《い》こっか
コレ写真《しゃしん》撮《と》っといてくれる？
え？コレだけを？
気にいったの？
後《あと》でトニーニョに見《み》せたら思《おも》い出《だ》すかも知《し》れないでしょ
そ…そうかなぁ
時々《ときどき》なんでもなーいところを「思《おも》い出《で》の場所《ばしょ》」に認定《にんてい》して帰《かえ》ります
その後見せてるところはあまり見かけないけど…
そのほかの必需品《ひつじゅひん》
旅でも日常でも両手をあけるためにリュックを使いますが
「貴重品は↓小さなバッグで常に身につけています（旅先では小銭程度）
お金などの出し入れがラクなのと子どもを追いかけてリュックを離れても安心
ウエストポーチも抱っこした時助けになるので時々使います
カッコイイのはなかなかないけど

# Kidfresh《キッド フレッシュ》

1628 2nd Avenue New York, NY 10028
Tel: (212)861-1141　http://www.kidfresh.com/

# A・Ha! LEARNING PARTNERS《アーハ! ラーニングパートナーズ》

Don Burton 1624 First Avenue New York, NY 10028　Tel: (212)517-8292　http://www.ahalearning.com/

# The New York Public Library Mulberry St. Branch《ザ ニューヨークパブリックライブラリィ マルベリー ストリート ブランチ》

10 Jersey St. between Mulberry & Lafayette   Tel: (212)930-0800   http://www.nypl.org/branch/local/man/ml.cfm

## Battery Park《バッテリーパーク》周辺

1 New York Plaza, New York, NY 10004　Tel: (212)344-3491　http://www.thebattery.org/index.html

## Southwest NY《サウスウエスト NY》

225 Liberty St. 2 World Financial Center New York, NY 10281

Tel: (212) 945-0538　http://www.southwestny.com/

## パパトニーのつぶやき

# せんせー！

僕が通っていた幼稚園がイベントを開催した時、両親はスタッフとして会場で働いていた。毎回ではなく、ほかの子の保護者と交代でだ。そうした手伝いをすれば学費が割り引かれ、逆にそうしなければ、学費がぐんと高くなるという学校の方針があったからだ。建前の上では任意参加だったが、やっていない人はいなかったと思う。

ソーホーにある、とある学校は、それとは一味違う方式。手伝いの現場は、イベント会場ではなく園の中だ。常勤の２人の先生に加わる形で各生徒のパパかママが、月１回のペースで「もう１人の先生」になる。先生と言っても、おやつのセッティングや片付けなどをして、プロの先生をサポートする程度の任務を果たせばいい。あとはちびっ子の遊び相手をするらしい。たまに教室にいさせてもらうことで、実態を把握できるだけでなく、先生の苦労も少しは肌で感じられるだろう。

僕は、子どもを預かってもらっている施設はどんなに評判が良くても、本当はどうなっているかをこの目で確かめたいから、この学校に魅力を感じる。

さらに我が子の成長を見守れると同時に、定期的にほかの生徒や保護者、そして園関係者と顔を合わせられるので、大げさに言えば一種の「コミュニティー」を互いに作り上げていけそう。一石で二、三鳥！　参加型という点で僕の通っていた学校と似ているが、この２つから選ぶなら、「義務だ」とストレートに言っているソーホーの方をとる。

でも、これは子どもを園に預けている時間、つまり平日の昼間の話なので、人によっては会社を休むのは難しいかも知れない。どこの学校もこうなったら困るだろうが、１校くらい近くにあっていいのではないか。

## BERCY VILLAGE《ベルシー ビラージュ》

28, rue François Truffaut 75012 - PARIS
地下鉄Ligne 14. Cour Saint-Emilion駅
Tel : 01 40 02 90 80　http://www.bercyvillage.com

元ワイン倉庫を改装したショッピング・モール。
映画館、おもちゃ屋さん、レストランなどが入ってます。
モール内は石畳で車もなくて安心
地下鉄の駅に直結しているのも便利
私のお気に入りは
Nature
&Découvertes
自然観察グッズがいっぱい！
子ども用だけど本当に普通より聞こえる
虫の音などを聞く集音マイク
赤外線カメラ
€7.95

## L'école Buissonnière《レコール ビッイソニエール》

9 rue George Bernard Shaw, 75015 Paris　Tel: 01 47 83 72 42　http://www.lecole-buissonniere.fr

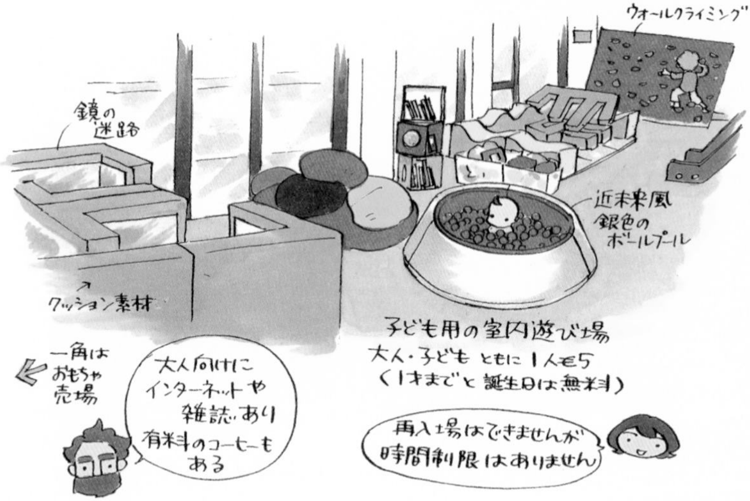
ウォールクライミング
鏡の迷路
近未来風
銀色のボールプール
クッション素材
子ども用の室内遊び場
大人・子どもともに1人€5
（1才までと誕生日は無料）
一角はおもちゃ売場
大人向けにインターネットや雑誌あり
有料のコーヒーもある
再入場はできませんが
時間制限はありません

## Marché des Enfants Rouges《マルシェ デ ザンファン ルージュ》

Le Marché des Enfants Rouges　39, rue de Bretagne, 75003 Paris

地下鉄Ligne 3. temple駅

## Le Bistorot du Peintre《ル ビストロ ドゥ パントレ》

116, avenue Ledru Rollin 75011　Tel: 01 47 00 34 39

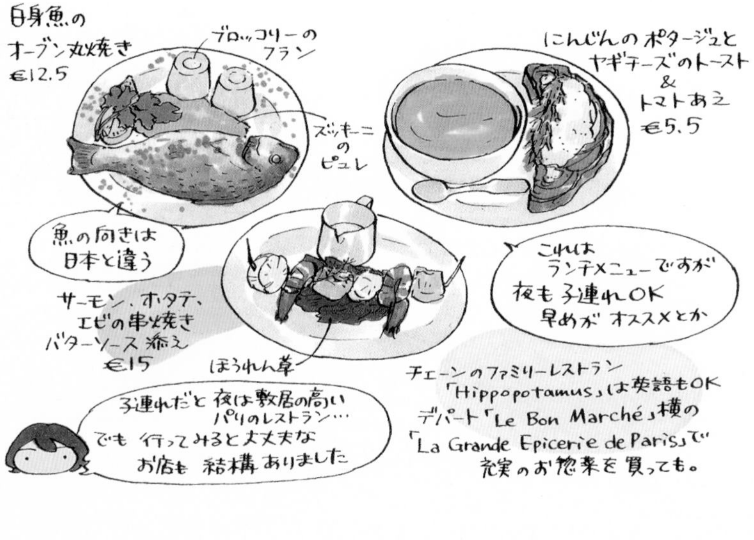

## Marci N'oum《マルシーヌム》

1 rue Keller 75011 Paris　Tel.: 01 42 33 06 44　http://www.marcinoum.com

## Emmaüs France《エマウス　フランス》

54 rue de Charonne, 75011 Paris　Tel : 01 48 07 02 28 20　http://www.emmaus-france.org/

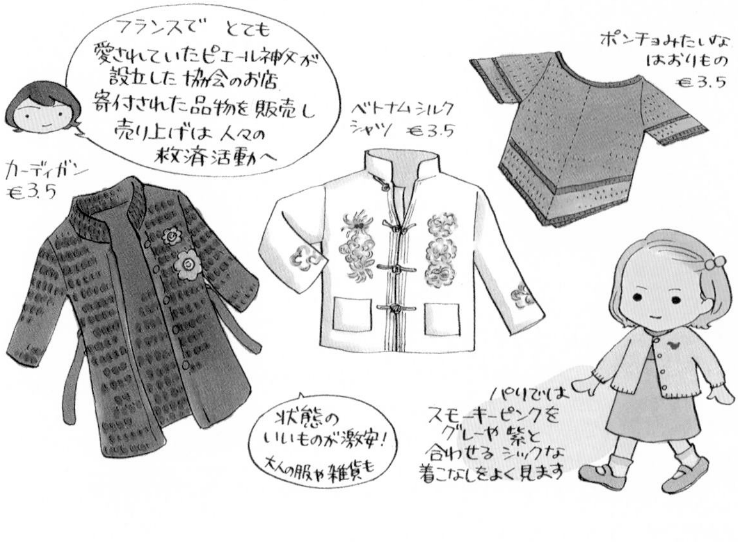

パパトニーのつぶやき

## 守ってくれる遊び場

ボン・マルシェ横のスーパーで午後の買い物をしたついでに、近くの公園に入ってみた。暗くなるちょっと前まで遊んでいると、人が寄ってきた。「もう少しで公園が閉まるから、出るように」と。警備員だ。

ここで遊んでいる子どもは、平日でもかなりの数になっている。飛び跳ねたり走ったりしている子もいれば、ベビーカーに乗っている子、そしてその辺でハイハイしている子もいる。東京の中心部の公園でも似ている光景はあるが、パリは人の密度がずいぶん高い気がする。

日本海の魚が美味しいのは流れが強いからだと言われるけれど、それと同じ論理で考えれば、人の流れの強いパリの公園で遊ぶ子も、丈夫に育つかもしれないと思った。その一方、いろいろなぶつかり合いが想定される。たまに顔を出している程度でも、警備員はありがたい存在だろう。

公園を出ると、我が子を守るもう１つのものに出くわす。門。つまり、ぴったり閉まり、簡単に開けられないようになっているゲートのこと。バネを利用した簡単な作りだけれど、これで小さい子どもが道に飛び出さないようになっている。エッフェル塔の真下にある遊び場をはじめ、多くの小さめの公園には同じゲートが設置してある。ちょっとしたことだけれど、真似してもいい税金の良い使い方ではないだろうか。

## 『ダーリンは外国人』な 子育て鼎談

with かわかみじゅんこさん&フィリップさん

トニー&さおりと同じく「ダーリンは外国人」カップルとして、フランスで子育てをしている漫画家のかわかみじゅんこさん&旦那さんのフィリップさん。今回のスペシャル座談会では、そんな4人が集《つど》って、日本とフランスとアメリカの子育ての違いを大告白！（司会　編集担当・松田）

［かわかみじゅんこ　プロフィール］
パリ在住の漫画家。夫のフィリップさんとの間に、4歳の女の子が。代表作に、『キキララ火山』（飛鳥新社）、『少女ケニヤ』『ワレワレハ』（宝島社）、『パリパリ伝説1〜3』（祥伝社）など多数。

### フランスの公園は、子どもでいっぱい！

子どもがこんなにたくさん公園に集まっている絵はすごく久々に見た気がします。最初はチラホラという感じだったのが、4時半ぐらいから学校帰りの子どもたちがブワーっと来て、あっという間に占拠されてしまって。1歳児の出る幕はない、みたいな。

そうそう。1歳、2歳は危ないから端っこに避難したほうがいいです（笑）。フランスの場合、地方に行ってもベビーカーを押している人が街中にすごくたくさんいるんですね。だから「子どもがいるから外出は…」という気持ちには全然ならない。

**司会**　そういえば昨日、地下鉄で息子を抱っこしていたら「座って」「座って」って。こういうホスピタリティは日本にはあまりないなぁと思いましたね。

でも、フランスでも非協力的なことはありますよ。バスの中にベビーカーを置くコーナーがあって、案内のステッカーが貼ってあるんです。なのに、そこに陣取っているおばさんがいる。すごく混んでいて限界だったので、ベビーカーを置くために「すみません、どいてください」と言っても「私はここの具合がいいからどかないわ」と言うんですね。「え?」みたいな…。

固まりますよね。

たまたまベビーカー置場のステッカーがはがれていたこともあって、「そんなことは書いてないわ」って。そういうことはチョコチョコありますよ。

## フランスは本当に子どもを生みやすい？

フランスには妊婦さん専用のレジがあるって聞いたんですが。

そうなんですか?!　知らなかったです！

そうですか。妊婦さんや子連れはすごく優遇されていると聞いたんですけど。子どもがいると行列に並ばなくてもいいとか。

ああ、それはありますね。滞在許可証の申請をするために時々警察に行くんですが、そこはすごく人が並んでいても、ベビーカーを押していると先に行かせてもらえたりします。反感も買いますが（笑）。

ほかに子どもがいる人に優しいと思うことはありますか？

博物館や美術館も小さい子ども連れだと、先に入れてもらえることが多いですね。

フランスは少子化対策が効いて出生率が上向いたんですよね？

まだ問題はあるけど、日本に比べるとマシにはなったかも（笑）。妊娠8ヵ月以降は医療費が全部無料だし、育児休暇も長い。子ども2人以上で税金の優遇もある。3人になるともっと下がる。

少子化対策って、日本を含めてうまくいっていない国の方が多いのに。

フランスは比較的移民を受け入れている。移民は平均して子どもを生みますからね。日本は移民を入れていないから、それも関係してるかもしれないですね。

## フランス流、感情にゆだねるしつけ方

**司会**　皆さんの子育てに対する持論をお聞きしたいのですが。

ローリングストーンズのなにかの曲で「欲しいものがもらえるとは限らない。でも運がよければ必要なものはもらえるよ」というような歌詞があるんですが、それが、僕の子育ての持論の1つなんです。子どもはすぐ「これが欲しい、あれが欲しい」って言うけど、それを全部叶えてはいけない。まずは親が、これは本当に必要なのかということを考えた方がいい。でも、子どもの意志を無視してはいけない。それを受け入れたうえで判断することが大切だと思っています。

僕の子育てのモットーは、自分にとっての正しいと思う価値観を子どもにきちんと見せること。

実際の行動を通じて、親なりの価値観を見せるということですよね。

そうです。

それは本当に大事なことですよね。

**司会**　ご覧になっていて、そういった面は感じられますか？

イマイチ…（笑）。いや、感じる…かな。あの時のあの行動がそうか？　う〜ん…。

かわかみさんが長考に入りました（笑）。

いつ子どもを褒めますか。いつも褒めています。いつも怒ってもいますけどね（笑）。

フランスはそうかもしれない。いつも怒っていて、いつも褒めている。フランス人は自分の感情に非常に正直なんです。私は少し離れて客観的に見ていようと思うのですが。

そのあたりは本当に手探りですよね。私が気をつけていることと言えば、自分の気分にあまり左右されないようにすることですかね。フランスとは逆ですね。安定した状態でいたい。

**司会**　でも安定を保つのって難しくないですか？

そうですね。飛行機の中で泣き続けられたら、やっぱり「ちょっと勘弁してくださいよ」みたいな感じにはなりますけどね。

安定を保つのはすごく美しいことですが、フランスとはかなり違います。

フランスではバカンス地でも子どもがいっぱい！

私はいっぱいいっぱいになると、子どもがいようがいまいが、結構パニクるタイプなんです。あんまり子どもの前でキレたりしたくないという思いはあるんですが。自分自身に対しては全く客観的になれていないですね（笑）。

僕の子育ての指針は、日本のメディアから影響を受けたものが多い。日本では、怒る時は瞬間で怒る、その後はすぐに冷静に戻る。叱るのはその時だけにして、すぐに平静になるということが言われています。

ＮＨＫの育児番組を参考にしてるんです（笑）。

## 丁寧すぎる？　日本人の出産準備

**司会**　かわかみさんの著作『パリパリ伝説』に「フランスでは耳が前に立つのがすごく嫌がられていて、それを押さえるバンドがある」とあったのですが、このような子育て神話は欧米にはいろいろあるのでしょうか。

僕は青年になるまで、比較的耳が大きかったんです。たぶん角度も、危なかったと思う（笑）。アメリカにはバンドはありませんでしたが、耳が大きいから「ダンボのようにいつでも飛び立てそう」と言われていましたね。幸いに、頭との比率が変わり、だんだんかわいらしい耳になりましたけど（笑）。でも、アメリカでも耳が大きいのはあまり良くないと言われています。頭が悪いように見えるそうです。

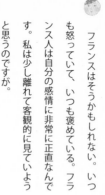

そうかもしれない。

それでも、サルコジは大統領になりましたけどね。

大統領になる人が、全員頭が良いとは限らない。

全員　（笑）。

サルコジは耳が大きいのではなくて、体が小さいんです（笑）。

あと、日本では妊娠中に海外旅行に行くのは節制しなければいけない雰囲気がある。「子どもに何かあったらどうするの?」と言われるとか。

妊娠中、彼の妹さんに、「子どもが生まれる前にゴージャスな旅とかをしておきなさいよ」、と言われました。２人きりの時間を楽しんでおきなさい、って。全体的にそういう風潮はありますね。どこか行こうとするたびに、一応、お医者さんには相談しますが、それで問題がなければ出かけますね。

私も海外に１ヵ月取材旅行に行った時には、病院の先生から「仕事ですからねぇ。自分からは大丈夫とは言えないけれど、気をつけて。病院を見つけてから行くように」と言われました。でも、ネットの「ママの相談室」みたいなところで「海外旅行に行く前に妊娠が発覚したけど、どう思いますか」という相談を読むと、すごい非難の嵐で。「旅行なんていつでも行けるのに、なんで今ガマンできないのか不思議です」とか。

いや、生まれたら行けない、行けない。「何かあったら絶対に後悔するから、私はキャンセルしました」とか。

フィリップさんは確かにマンガに似てるんだけど本物の方がずっとりりしい。
似ているゾーン
もっさり
シャープ
マンガ
本物
いや、今はたまたまシャープな時期なだけで!!
もっさりの時も!ホントに!!
バナナタルトも♡


へぇ〜、厳しいですね。日本ってすごく慎重かもしれない。

## フランス人の薬神話

フランス人の特徴の1つに、痛いのをガマンするのは好まないというのがあります。子どもも痛がっていると辛そうなので、痛み止めもどんどん出されます。フランス人には「アスピリンさえあれば」、みたいな薬神話が根付いている。

でも、それはあまりよくないことだと最近は言われはじめてるんです。

司会　かわかみさんはどう感じられましたか?

ビックリしましたね。日本で子どもを医者に連れて行ったことがなかったから、今の日本がどうなのかはわかりません。でも、私自身、あまり薬が好きではなかったのもあって、子どもがこんなに小さいのに、3種類も4種類も出されると、ずいぶん多いな、と感じます。慣れてくると、この風邪なら薬なしでも治るなどだいたいわかりますよね。その場合、抗生剤を出されてもフィリップさんには内緒であげないこともあります。それでも治るんですよ。

## 添い寝VS1人寝

フランスは早いうちから子どもを別々に寝かせますよね。かわかみさんはどうですか？

私は側で寝ています。

フランス人としては、子どもと一緒に寝るのは驚く習慣ですね。フランスでは普通、生まれてから3～4日ぐらいから1人で寝かせます。

え～!!　心配じゃないんですか？

時々、問題もあるみたいですよ。でも基本的には「あなたは寝なければいけないのだから、寝なさい」みたいな感じですね。

母乳はどうするんですか。

泣き声が聞こえたら、起きてあげに行くみたいです。

僕は、最初の何ヵ月間かは母と子が一緒に寝るのはいいことだと思います。ただ、別に寝かせようとした時に果たしてうまくいくかどうか。6ヵ月とか1歳から1人で寝せようとしたら、なかなか切り替えが難しいかもしれない。最近、僕はこの子と一緒に寝ているけど、そこが大きな心配です。

**司会**　母乳をあげながら、自宅で仕事は大変ですよね…。

私も家で仕事をしていて、おっぱいもあげていて。彼は当時会社で働いていたので、夜は寝ないといけない。夜中に娘が寝て、仕事をはじめて、12時、1時ぐらいに泣いておっぱいをあげに行って、寝たと思っても、また2時ぐらいに泣いて、またおっぱいをあげなきゃって繰り返しで。しかも自分も疲れて寝てしまったりとかして。目が覚めると4時で、ヤバイ！って、フラフラで仕事に戻って。そうするとまた泣かれて、「し、死ぬ!!」みたいな（笑）。

いつ何をやればいいの？　みたいな。大変だから母乳はあげたくないわ、という人がいても、私は応援します…（笑）。

私も旅行本を描いた時に、最終的に朝の6時半とか7時まで仕事をしていたんですが、明け方になると30分おきに泣くんです。もう1時間のうち40分が授乳、20分が仕事…。時々泣き崩れてましたね。

母が子と一緒に寝るという習慣は、働く女性を想定していないと思う。働いている女性、とくに漫画家みたいな人には向かないのではないか。漫画家という仕事の大変なところは、創造しなければいけないところですよね。だから、そういうことをしている女性は別の形を考えたほうがいいと思う。

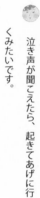

でも子どもが心配だからね。

フランスでは、ほとんど子どもを別のベッドで寝かしている。それはフランスだけでなくて、ヨーロッパの多くの国がそうだけど。

日本の子どもは親と一緒に寝られて幸せだと思うけどな。

## 口出しは控える、欧米の嫁姑関係

ところで、ご両親との関わりはどうでしたか。

フィリップさんのお母さんはわりとイロイロなことを勧めてはくれるけど、「私はこういう風にやりたい」と言うと、「それもいいわね」と言ってくれます。

**司会** それは楽ですね。

そうですね。あまり干渉はされませんね。

うちは意外としますね。そしてトニーと母の意見が食い違うことが出てくると、お互いに譲らない（笑）。

冬場に日本に帰った時、厚い靴下を履かせていたんです。それが去年ので、少し小さかったんですが、着いた瞬間にうちの母が「この靴下、食い込んでいるじゃないの！　かわいそうに～」って（笑）。

日本の親の方が世話焼きかも。トニーのお母さんも言いはするけど、わりと「好きにしたらいいわよ」という感じ。

僕の弟一家は母の側に住んでいるんですが、お嫁さんの子どもの育て方がうちの母と随分違っていて、よく「舌をかまなければならない」と言っています。つまり、しゃべりたくても我慢してしゃべらないように舌をかむという意味。言いたいことはあるけれど、言わない。それで時々、僕に「どうかしら」とか「心配なのよね」と言うんです。でも、弟夫婦には言わない。それと同じように我々に対しても、言いたいことがあっても我慢して、代わりに向こうに言っているかもしれない。

## 真剣だからこそ、ケンカもします

育て方の違いでケンカすることはありますね。彼は前の奥さんとの間にもうすでに1人子どもがいるだけに、いろいろ知っていて忠告してきます。でも、私からすれば「その知識、古いんじゃないの？　最近の雑誌とか見てる？」って。

**全員** （笑）。

彼女はちょっと神経質すぎると思うこともあります。

私にとっては初めての子どもだから…。

でも彼は慣れているから「こんなの薬を塗れば治るよ」って、余裕なんです。でも私は、「大変な病気だったらどうするの!!」みたいな感じで（笑）。あと、フィリップさんは叱る時に子どもがビックリするぐらい大きな声で叱ります。私はそれがすごく嫌で、やめてって言うんですけど。私もビックリするから（笑）。

雷おじさんですね。

そうなんです。自分では気付いていないみたいですけど（笑）。

うちは、風邪をひいた時にお風呂に入れるかどうかでもめますね。日本は普通入れないけど、彼は風邪の時こそ温めねばという考え方なんです。

それは気候とかなり密接している問題だと思うんです。こっちだと熱があると服を脱がせろと言われます。で、水風呂に入れろって言われるんです。

**全員** いやー!!

そんなことをしたら死んじゃう！ と思ったんだけど、こっちの気候ではそのほうが効くらしい。

どっちでも大丈夫なんじゃないだろうか。極端なほどでないかぎり。

結局、余裕がないからケンカになってしまうんですよね。子どもが病気の時なんて、特に。2人ともいっぱいいっぱいだし、正解はわからないけど、自分の感覚の方が正しいと思って主張しちゃいますよね。余裕があれば笑えるんでしょうけど。

子どもが生まれるまではあまりケンカをしなかったけど、生まれてからは…。

ものすごく険悪なムードになる時が。日々、すごく細かいことが積み重なるというか。

**司会** 僕たちは睡眠が足りないと思うな。子どもができると生活はもちろん、夫婦の関係ってすごく変わりますよね。

そうだと思います。でも私はフランスに移住してすぐに子どもができてしまったので、あまり2人だけの時間はなかったんです。だから、こんなものかなぁと。

日本では子どもができたら父と母になっちゃうことが多そうだけど、フランスはそんなことなさそうですよね。

それだけっていうのはないかもしれないですね。男と女でもあることに、こだわる人が多いです。

大人は大人、ですもんね。

**司会** 今日は、いろんなお話、どうもありがとうございました。

※この他にも、各国子育て話で大いに盛り上がりました！ すべての内容を読みたい方は、WEBコミックエッセイ劇場（http://www.comic-essay.com/）へどうぞ！（2008年6月13日まで）

そして1年たちました
ドカッ
うっ
今朝《けさ》も息子《むすこ》の暴力《ぼうりょく》により起床《きしょう》
日頃《ひごろ》元気《げんき》がいいのと長旅《ながたび》していたこともあって
あ
↑言い訳
9・10カ月《げつ》検診《けんしん》過《す》ぎてた…
9.10カ月
公的《こうてき》な検診《けんしん》は1歳半《さいはん》までないのでちょっと熱《ねつ》が出《で》て診《み》てもらったついでに
1歳検診《さいけんしん》自費《じひ》で受《う》けた方《ほう》がいいですか?
近所の小児科
何《なに》か気《き》になることありますか?
ないです
じゃあいらないいんじゃない?
大変に気楽な先生

ということで受《う》けなかつたのだが
まあ気《き》になると言《い》えば…この子《こ》はまだ自分《じぶん》の名前《なまえ》わかってないんだけどねー
みんなそんなもんなんじゃないの?
でもある実験《じっけん》では後《うし》ろから名前《なまえ》を呼《よ》んだら振《ふ》り向《む》く頃《ころ》だって
トニーニョー
確《たし》かにあまり振《ふ》り向《む》かない
というか振《ふ》り向《む》く時《とき》も「親《おや》の声《こえ》」が聞《き》こえるからだけかも
時々しなだれる人
姉《あね》に聞《き》いてみると
んーその頃《ころ》はまだ自分《じぶん》の名前《なまえ》なんてわかんなかったと思《おも》うよ?
かのこ 3つ上
そもそもトニーは全体的《ぜんたいてき》にせっかち
7カ月くらいの時
トニーニョはまだ赤《あか》ちゃんの頃《ころ》のクセが抜《ぬ》けなくて
まだ赤ちゃんなのでは!?
えっ!?
知人
8カ月《げつ》の頃《ころ》
そろそろトイレトレーニングのこと考《かんが》えなくちゃね
この後「赤ちゃんの期限」と「トイレトレーニング」ともに考えを改めたけど

さらに生《う》まれてすぐにオモチャや絵《え》本《ほん》を買《か》い込《こ》んだのだが
セールだったしー
これも8カ月《げつ》の頃《ころ》
そろそろ笛《ふえ》どうかなー
取ってくれる?
あのー うちの子《こ》モーツァルトじゃないと思《おも》うんで…
3才で作曲した人なら吹けるかも知れないけど
そーお?
でも「吹《ふ》く」って行為《こうい》は話《はな》すのに重要《じゅうよう》な練習《れんしゅう》になるらしいから
まあ私《わたし》も
モーツァルトが初《はじ》めて作曲《さっきょく》したのは5歳《さい》って話《はなし》だよ
マジ!?
ま…間《ま》に合《あ》うかも!!
こんなんばっかし
そして10カ月《げつ》くらいからトニーニョはなぜか
このポーズがお気《き》に入《い》りなのだけど
ある日《ひ》公園《こうえん》で出会《であ》つた男《おとこ》の子《こ》が
あ バイバイできるんだねー

あの子《こ》9カ月《げつ》だって
ええっ
月齢下!!
バイバイのカケラもない
息子《むすこ》よ…
大丈夫《だいじょうぶ》…だよね……
こんなポーズでのんきに授乳中ですが
時々お尻もふる
おまけに
2カ月《げつ》を過《す》ぎれば夜《よる》の授乳《じゅにゅう》もどんどん間隔《かんかく》があいて楽《らく》になり…
→お医者さんのセリフ
義妹にも言われたなーこれ…
この1年《ねん》ずーっと2時間《じかん》おきのままなんですけど…
助産師さん
そういう個性《こせい》の子《こ》なのねー
出産《しゅっさん》や赤《あか》ちゃんに対《たい》してはいろいろあっても
人《ひと》それぞれねー
個性《こせい》ねー
で片付《かたづ》けられることが多《おお》い
赤《あか》ちゃんの時《とき》こんなに認《みと》めてもらえるなら
大《おお》きくなってももう少《すこ》し個性《こせい》が許《ゆる》されてもいいのになー
とも思う

さて誕生日《たんじょうび》を
迎《むか》えたトニーニョは
ケーキは「仕方なく」両親が食べました
まだ歩《ある》かず
立つけど
歩くにはマタ開きすぎ
ドン
うちの息子足短いよね？
(まだ)赤ちゃん!! オムツ(してる)!!
最近《さいきん》
音楽《おんがく》が大好《だいす》きで
い〜と まきまき い〜と まきまき
童謡で激しくツイスト
100回歌う
時々《ときどき》寝《ね》る直前《ちょくぜん》に
歌《うた》うようになった
よ〜ょう あ〜 ゆ〜
でたらめな
歌《うた》だ
人間《にんげん》って
話《はな》す前《まえ》に
歌《うた》うんだな━…
言葉《ことば》になって
いない歌詞《かし》と
メロディーになって
いない音楽《おんがく》
にょ〜 い〜 い〜 あ〜 よ〜
幸《しあわ》せな
感《かん》じがする…
でも…
そうだ
でたらめでも
この歌《うた》みたいに
きっと
この子《こ》にしか
できないことが
あるんだよね
う〜 にょ〜 お〜

歌《うた》を聴《き》かせてくれて
ありがとう
1年《ねん》無事《ぶじ》に育《そだ》ってくれて
ありがとう
生《う》まれてきてくれて
ありがとう
そして
また
この子《こ》にしか
できない
ケリで
起床《きしょう》
ゴフ
ドガッ
しばらくして
あ
歩《ある》いた
歩《ある》いたね
トテ
じゃあ
一緒《いっしょ》に
行《い》けるところまで
並《なら》んで歩《ある》こう

パパトニーのつぶやき

## モノでないものを

人の1回目の誕生日をどう祝えばいいのだろう。

「誕生日プレゼントだよ」と言って、何かを渡す？　でも、この１年で、何回も素敵なモノを親戚や友だちからもらっているから、いまいちインパクトは期待できない。

「これは、特に、特別なんだよ」と言っても、息子が趣旨をわかってくれるかどうか。特大のオモチャにしてみるとか？　それとも、小さいオモチャを小山にしてから、ドン!と、彼の前に置くとか。赤ちゃんとはいえ、早くも賄賂《わいろ》として受け取られてしまったらどうしよう。(「これをあげるから、夜はブーブー言わずに早く寝てね」)。

しばらく悩んだあげく、モノを与えることによってしかるべき印象を彼の胸の中に残させることは難しいだろう、という結論に至った。

夕飯が終わった後、部屋をやや暗くした。そして火の付いたロウソクを持ってきて、さおりの母を入れて、皆で「ハッピー・バースデー」を歌った。「ミニ」とはいえ、生まれて初めての合唱団だ。息子は歌よりロウソクに関心がいったようだ。ロウソクを見たのも初めてだったこともあって、飽きずに炎を目で追い、その複雑な動きに合わせて体を左右に揺らしていた。見ていて、少し羨ましくなった。人は本来なにも音楽がなくても十分楽しく踊れるものだ。２歳の誕生日に向けて少し特訓させよう。それまでにロウソクを自分の息で消せるようになればそれはそれでまた、「特別な日」のきっかけになりそう。

モノに頼らずに楽しい誕生日ができるのは、今のうちかもしれない……。

# おわりに

子育てには、一冊の「バイブル」は存在するはずがない。あったとしても、僕はそれに従わない。もちろん良い親になるには、数々の情報源から、そしていろんな人から知識を得ることも大事。

それをした上で、一つ一つどうすべきかを自ら判断して、試行錯誤を繰り返しながら親としてのセンスを確立し、それを常に高めようとする姿勢が最も重要なこと、という気がする。

やりすぎるとわがままで生意気になるが、良さそうな情報源に耳を傾けながら、その内容に対して少しは警戒心を持ちたい。少なくとも腹の中では。半信半疑ほどではないにしても、少なくとも「9信1疑」くらいがいいかもしれない。

さて、僕たちの経験と、研究して見えてきたことを紹介する本書。一生懸命努力して作った本書。

はい、これも疑って下さい!

みなさんの、貴重なお子さんを育てるための判断材料の一つにしていただければ誇りに思います。

トニー・ラズロ

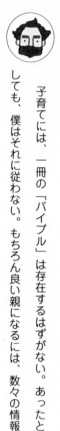

「修行だと思って、頑張ってくださいね。」

産後初めての検診で、担当の先生にこう言われた。新生児は昼夜がなく、眠れなくて辛いからと。私はむしろ、最初のうちは平気だった。だけど半年、一年経っても授乳間隔はあかず、どんどん手がかかるようにもなって、仕事を再開した後は時間や眠気やストレスや夫や、いつも何かと戦っていた気がする。

「母親行」がこんなに大変なものだったとは。自分の親、こんなことしてたとは。両親、ありがとう。

でも考えてみれば、「子ども行」だって大変だ。特に幼児の頃は「親行」をしている人が自分の意志を理解してくれず、さらには真逆のことを笑顔でしてきたりするのだ。その後も、理不尽な思いを幾度となくすること、私はまだ覚えています。両親よ…。

と、裏腹になったが、今の生活だって「でたらめな可愛さ」を味わえる喜びの日々でもあるのだ。悟りが開けるかは怪しいけど、いろんな経験ができることを感謝しながら過ごしています。

小栗左多里

# ダーリンは外国人 with BABY

2008年3月14日 初版 第1刷 発行

**著　者**　小栗左多里＆トニー・ラズロ

**発行者**　斉藤幸夫

**発行所**　株式会社メディアファクトリー
104-0061 東京都中央区銀座8-4-17
TEL. 0570-002-001

**印刷・製本所**　株式会社廣済堂

定価はカバーに表示してあります。
乱丁本・落丁本はお取替えいたします。

ISBN978-4-8401-2182-8 C0095


**初　出**
この作品は、『赤すぐ』2006年10・11月号～2007年8・9月号、
『webコミックエッセイ劇場』http://www.comic-essay.com/
2007年5月～2008年1月まで連載されたものに、
加筆・修正を加えたものです。

JASRAC 出 0801190-801

**ブックデザイン**　中井有紀子（ソベイジ グラフィック）

**編　集**　松田紀子　羽賀千恵（メディアファクトリー）

**Special Thanks**　Misato Raillard / Maiko MATSUNAGA